Inhoud

Voorwoord

Harry Kuitert

Geloven in een God die niet bestaat – wat nu? Is de man gek geworden, speelt hij een woordspelletje, weet hij niet wat hij zegt? Als geen van de drie opties doel treft, blijft alleen over: hij meent en hij weet wat hij zegt. Dat laatste dus. Klaas Hendrikse wil de lezer wat aan het verstand brengen, hij is tenslotte dominee, zoals hij zelf zegt. Wat?

Dat 'niet bestaan' hebben we al gauw door. Inderdaad, de schrijver maakt korte metten met een God die bestaat. Hij reikt atheïsten de hand, noemt zichzelf ook zo (maar dan liefst atheïst-anders, zoals je aardappel-anders hebt), maar is tegelijk boos op hen, omdat ze tegen een achterhaalde en al lang achtergelaten karikatuur van het christelijke geloof vechten. Later voert hij hetzelfde gevecht, en dan blijkt het toch niet om zo'n achterhaalde karikatuur te gaan.

Maar dat is allemaal bijzaak, meer puin ruimen of beter nog: de puinhoop blootleggen voordat hij kan zeggen wat hij te zeggen heeft. En dat is dat God niet bestaat, maar wel ergens voor staat.

Want God, dat dáchten we maar, daar begint de joodse religie mee, en de christelijke kerk breide er vervolgens een *extension* aan. Maar dat is helemaal niet zo, de God van Israël – later: van de christelijke kerk – is na-aperij van de toenmalige religieuze wereld, en door latere generaties bedacht.

Hoe het begon – ik geloof er niets van dat het zo gelopen is als de auteur aangeeft, maar dat doet er absoluut niet toe: de voorstelling van die aanvang is essentieel voor het begrijpen van Klaas Hendrikse. Israël trekt uit Egypte, het land van de slavernij, de vrijheid tegemoet. Bevrijd door een Bevrijder-God? 'Met

Gods hulp' zich van hun onderdrukkers ontdaan? Welnee, ze moesten het zelf doen, zich bevrijden moeten mensen altijd zelf doen, anders gebeurt er niets. God doet niets anders dan zijn naam waarmaken: ga maar, ik ga met jullie mee – zo luidt de vertaling die Hendrikse geeft van de naam van God in Exodus 3, het zogenaamde tetragram, de letters JHVH. Vaak wordt dit vertaald met: ik zal zijn die ik zijn zal. Maar dat geldt ook voor mijn buurman, zo stelt Hendrikse. Hij vult anders in. Die hij van die naam is niet de almachtige opperbaas aan wie mensen denken, maar een ervaring. En draai dat dan niet om: het is niet zo dat God er is en dat mensen hem dan ervaren, maar omgekeerd: mensen hebben de ervaring 'ik ga met jullie mee', en die ervaring is later omgebouwd tot een wezen dat God ging heten. Maar dan zijn we al bij de ontsporing. De oorspronkelijke 'weglopers' uit het slavenhuis noemden het nog een 'ik ben bij u'-gevoel, maar latere geslachten kleedden dat gevoel aan zoals je een pop aankleedt. Naar het model van de omwonende volken met hun goden maakte Israël van de oerervaring een aankleedpop, en ziedaar: het misverstand dat de joodse en later de christelijke religie tevoorschijn riep, was geboren.

Het begon met de ervaring die deze mensen hadden en onder woorden brachten met dat 'ik ga met jullie mee', en daar wil Klaas Hendrikse naar terug. 'Ga maar, dan ga ik met jullie mee' als ervaring van mensen die op weg zijn – alleen zo heeft het woordje 'God' zin. God is er niet als Opperwezen dat aan de touwtjes trekt, God zal er niet zijn als mensen niet op weg zijn. In die zin 'gebeurt' God, zou je kunnen zeggen. Alleen als ervaring van mensen die onderweg zijn heeft God betekenis.

Om deze regels draait het hele boek. God bestaat niet, dat wil zeggen: stop met dat Wezen, alleen in het gewone leven van alledag wordt ervaren wat mensen ooit begonnen te zeggen met 'ik zal erbij zijn'. Dus alleen als ervaring? Precies, maar dan niet speciaal opgedaan in buitenissigheden, maar in het bestaan zelf.

Er is een passage in het boek die opheldert hoe Klaas Hendrikse dat laatste bedoelt. Ergens in Genesis (het bijbelboek) lezen we over Jacob die vecht met de Engel. Ja, dat zegt hij achteraf, maar hij vocht gewoon met een man die hem tegenkwam, zo staat er. Dat gevecht beleefde Jacob echter als een bijzondere ervaring, hij beleefde het als een gevecht met God. Je kunt – zo is de bedoeling – hetzelfde ook anders ervaren, zoals het oude Israël zijn bevrijding anders heeft ervaren. Het enige wat je niet moet doen, is van het ervaren van God een bestaande God maken.

Dat vereist nadere uitleg, zeker. Die geeft de schrijver ook, overvloedig zelfs, soms zo overvloedig dat je even goed moet kijken of hij zich niet vergaloppeert. Maar ook waar dat gebeurt, doet dat niets af aan die basisregel: maak van het ervaren van God geen bestaande God.

In het dagelijkse bestaan doen mensen ervaringen op, het dagelijkse leven bestáát uit ervaringen. Wat maakt een ervaring tot een ervaring? Dat iets, iemand of een gebeurtenis van betekenis voor je wordt. Ervaren is: van betekenis worden, en die betekenis kunnen mensen invullen met God.

Moet dat? Is dat nodig? Nou ja, het hóéft niet, want zowel de humanist als de atheïst als wie ook kan dezelfde ervaring hebben als een religieus mens, en alleen de laatste haalt God erbij. De ervaring zelf verandert er niet door. Waarom dan toch God erbij halen? Omdat mensen een rugzakje hebben waarin hun opvoeding, hun cultuur, hun meegebrachte taal zit, en met behulp daarvan leggen ze elkaar uit wat hun overkomt, wat ze meemaken, waar ze voor buigen en wat hen juist onbuigzaam maakt. Vandaar God.

Zonder West-Europees rugzakje zouden we niet over God reppen; Chinezen reppen niet over God. Ze doen wel ervaringen op waaraan Klaas Hendrikse het label God hangt, maar de Chinezen hangen er een ander label aan. Dat kan Hendrikse zo zeggen omdat het misverstand is uitgebannen dat er eerst een wezen moet zijn, genaamd God, en dat je dat vervolgens kunt ervaren. Nog maar eens andersom: het ervaren komt eerst en daarna komt het verbinden van de naam van God ermee.

Ervaring is altijd persoonlijk, het is altijd je eigen ervaring (denk aan Jacob), in de zin dat jij het bent die iets bent tegengekomen wat je iets deed, je leven verdiepte, je hetzelfde wat anderen meemaken anders liet ervaren, en daarom je leven anders maakte. Ieder mens heeft andere ervaringen, en dus mag ieder mens zelf uitmaken waar hij die naam, dat woord 'God' wil inbrengen. Mijn God is niet jouw God. Dat wil de schrijver wel met zo veel woorden vastgesteld zien. Er is geen leer, laat staan een rechte leer over God mogelijk.

Wat heet dan geloven? Niet het hebben van opvattingen maar een vorm van vertrouwen veroveren, vertrouwen aandurven, ervoor kiezen. Hier grijpen de draden mooi in elkaar, want vertrouwen heeft ervaringen nodig, kan niet zonder, en omgekeerd: je aangesproken voelen door wat op je weg komt, gebeurt pas als je je openstelt, het risico aandurft dat het mis kan gaan, kortom: vertrouwen komt van leven en leven komt van vertrouwen. Hendrikse munt voor die houding een eigen term: volwassen afhankelijkheid, besef dat je niet almachtig bent maar onderworpen aan wat op je weg komt, om daarmee vervolgens in het reine te komen.

En wat doet een dominee die gelooft in een God die niet bestaat? Hendrikse legt uit wat hij bedoelt: God terughalen van het voetstuk waarop hij is komen te staan en hem hervinden in de wereld van het platte vlak, de wereld waarin we onze levens leven.

En de kerk dan? Klaas Hendrikse is wel zo reëel om te zeggen dat hij niet op instemming van de kerken rekent. Dat vindt hij niet het ergste, want de kerken staan met de rug tegen de muur, ze moeten iets doen om van betekenis te blijven, maar weten alleen niet wat. Doorgaan zoals ze altijd deden? De schrijver heeft een aansprekend voorbeeld. Stel, je verdwaalt op een fraaie zondagmorgen in de kerk. Het eerste wat de argeloze bezoeker hoort is: 'Onze hulp is in de naam van de Heer die hemel en aarde gemaakt heeft.' Een toegewijde kerkganger kan die woorden nog ontcijferen als een ritueel taalgebruik, afkomstig van verre voorouders. Maar die verdwaalde gast? Die staat weer buiten en komt niet meer terug.

Klaas Hendrikse stelt voor in de kerk iets anders te doen: levenservaringen uitwisselen waarin je dat 'hij gaat mee'-gevoel hebt opgedaan. Veel is het niet, zegt de dichter en ik zeg het hem na. Maar volgens Hendrikse is er niet meer te halen, en bovendien: het is altijd beter dan wat bij Sartre *continuons* heet.

Lezen dus. Alles voor zoete koek aannemen wat hij schrijft? Nee natuurlijk, dat doe ik in elk geval niet. Maar ik vind het niet alleen een met – soms grimmige – humor geschreven boek (vooral als de auteur het doopceel van de PKN[1] licht), maar ook een poging om bij kenterend tij onder woorden te brengen waar het woordje 'God' wél voor kan dienen als het heeft afgedaan als aanduiding van een Wezen daarboven met alles erop en eraan. Een poging om 'U' tegen te zeggen.

Mei 2007

1 PKN: Protestantse Kerk in Nederland.

Geloven in een God die niet bestaat

God, die wij noemen, die wij ons duidelijk en plastisch voorstellen, wiens bestaan wij gemakkelijk bevestigen, is geen god, maar een afgod ...
– Cornelis Verhoeven, in *Rondom de leegte*

Kennismaking

Voor predikant ben ik niet in de wieg gelegd. In 1947 kwam ik ter wereld als kind van een atheïstische vader en een geleidelijk in die richting afgedwaalde moeder. Mijn vader was dierenarts in Groot-Ammers, een dorp waar men destijds voor de dominee de hoed of pet afnam. Het ligt in de Alblasserwaard, een streek waar tot op de dag van vandaag het Woord Gods onversneden wordt verkondigd.

Dat heb ik overigens in mijn jeugd niet gehoord, want mijn opvoeding was gedegen atheïstisch en pas op mijn drieëntwintigste maakte ik voor het eerst een kerkdienst mee. Dat was wederom geen godsdienstige opsteker. Wederom, want al eerder – toen ik een jaar of acht was – had ik een bezoek gebracht aan de pastorie om op last van mijn vader mijn excuses te gaan aanbieden wegens onwelvoeglijk taalgebruik jegens de dominee.

Ik kan het niet nauwkeurig reconstrueren, maar ik vermoed dat die traumatische tien minuten in niet geringe mate hebben bijgedragen aan het enigszins onbehaaglijke gevoel dat ik sindsdien heb bij 'kerk'. Ik ben inmiddels meer dan twintig jaar predikant, maar het gebeurt soms nog dat ik 's morgens wakker word, een been uit bed zet, constateer dat ik predikant ben en van verbazing weer in de kussens zak: ik? Dominee? Een leven kan raar lopen, of zo je wilt (maar zo zou ik het niet zeggen): 's Heeren wegen zijn ondoorgrondelijk.

Als kind werd mij duidelijk gemaakt dat God niet bestaat en dat geloven en naar de kerk gaan iets was voor anderen. Bij ouders van klasgenootjes en ook in mijn familie kon ik proeven wat er bij die anderen anders was: zij deden net alsof God wel bestond. Toen ik later met de rekeningen langs de klanten van de dierenartsenpraktijk ging, kwam ik dat 'anders-zijn' tegen bij boeren en boerinnen. Ik zag hoe ze leefden in omstandigheden die we tegenwoordig zouden aanduiden met 'beneden modaal', hoe ze met beperkte middelen omgingen, met voor- en tegenspoed, met elkaar. Het kwam me voor dat ze over iets beschikten wat ik in eigen kring niet kende: een soort aanvaarding van het leven zoals het was. En het was niet vanzelfsprekend: het kwam als een 'gegeven' ergens vandaan en het leek wel alsof er tegelijk houvast en bemoediging waren meegegeven om te nemen wat voor hen bestemd of 'beschikt' was. Met berusting zeg ik te weinig, met vertrouwen te veel – ik voelde ook iets van huiver.

Beter kon ik het toen niet – en nu nog niet – verwoorden. Maar het heeft me geraakt en geïntrigeerd: als het waar was dat ze geloofden in een God die niet bestond, waarom deden ze dan net alsof God wel bestond? Het was me toen al duidelijk dat je die vraag niet kunt afdoen met: 'Ze laten zich maar wat wijsmaken, allemaal onzin.'

Ik ging in dienst, studeren, werken in het bedrijfsleven. Ik had geen zin, geen tijd en geen behoefte om met geestelijke zaken bezig te zijn, en al helemaal niet met God. Eenmaal getrouwd en enigszins 'gesetteld' kwam de vraag terug: wat is er zo ánders bij die anderen? En als die God waarin zij geloven niet bestaat, wat doet die God dan wél?

Om een lang verhaal kort te maken: ik ging theologie studeren. Ik heb er veel van geleerd, vooral over wat ik nu niet-God noem. Met name door het vak dogmatiek werd ik stevig in mijn atheïsme bevestigd. Er leek allesbehalve een predikantschap in het verschiet te liggen.

Tijdens de laatste studiejaren volgde ik enkele workshops 'Psychosynthese en religie' bij Dolf Coppes. Er ging een luikje open dat daarna nooit meer is dichtgegaan: het kan tóch, je kunt een gelovig mens zijn, christen zelfs, zonder dat je hoeft te geloven dat God bestaat.

Ik werd zowaar enthousiast voor het predikantschap, maar betwijfelde of er gemeenten zouden zijn waar mijn overtuiging door de kerkelijke beugel kon. Die bleken er te zijn, in Zeeland nog wel. De eerlijkheid gebiedt me te zeggen dat ik tijdens de kennismaking niet heb aangestuurd op de vraag naar het bestaan van God. En van de andere kant kwam die vraag ook niet. Ik vermoed dat het antwoord werd beschouwd als iets vanzelfsprekends. Dat liet ik maar zo, en aldus ben ik predikant geworden, eerst in Zierikzee, later ook in Middelburg.

Daar gooide ik op een gemeenteavond een balletje op met de stelling: 'Het geloof van de meeste mensen is gebaseerd op de overtuiging dat er een God bestaat. Mijn geloof is gebaseerd op de overtuiging dat die God niet bestaat.' Dat was behalve een beginnersfout die me bijna mijn baan kostte (de dominee gelooft niet in God!) in letterlijke zin een atheïstische bewering: ik beweerde niet te geloven in een God waarvan anderen beweren dat die bestaat. Dat is precies wat atheïsten doen, of zouden moeten doen.

Ik sta nog steeds achter die stelling, maar om misverstanden te voorkomen formuleer ik haar tegenwoordig anders: 'Het woord "bestaan" is niet van toepassing op wat ik "God" noem.' Daarmee druk ik uit dat (mijn) God niet is onder te brengen in de categorie verschijnselen die met het woord 'bestaan' kunnen worden beschreven. Daar wordt meestal wat minder geschokt op gereageerd, maar het komt op hetzelfde neer: God bestaat niet. En de ervaring heeft me inmiddels geleerd dat ik daar meteen achteraan moet zeggen dat ik wél in God gelóóf, en dat dat niet vaak genoeg herhaald kan worden: bij dezen!

Atheïst en predikant, gaat dat samen?

Op het eerste gezicht is het een onmogelijke combinatie, want een atheïst gelooft niet dat God bestaat, een predikant doet dat wel. Bij nader inzien ligt het iets genuanceerder: atheïsten en predikanten zijn er in soorten en maten.

Een eerste verkenning: wat is een atheïst? Een atheïst gelooft niet dat God bestaat. Hij gelooft dus iets níét, namelijk dat God bestaat. Of hij gelooft iets wél, namelijk dat God niet bestaat. Voor mij is dat lood om oud ijzer, maar omdat veel atheïsten al jeuk krijgen bij de gedachte dat ze toch eigenlijk wel iets geloven, zal ik dat niet meer zeggen.

En wat is een predikant? Is dat iemand die gelooft dat God bestaat? Dat zou je van een 'godgeleerde' toch mogen verwachten. Er zullen ongetwijfeld predikanten zijn die dat zeggen, maar ik vermoed dat de meesten op de vraag: 'Geloof jij dat God bestaat?' niet zonder meer 'ja' zullen zeggen.[1] En gelijk hebben ze, want 'ja' betekent dat ze geloven in iets wat bestaat. En van God kun je veel zeggen, maar niet dat hij bestaat. Iedere predikant die het daarmee eens is, is dus eigenlijk atheïst. Maar de eerste die zich ook zo noemt, moet ik nog tegenkomen.

Dat God niet bestaat, is voor een predikant een riskante stellingname. Daarom schrijf ik nú dit boek, en niet, zoals ik van plan was, pas na mijn pensioen. Ik wil niet achteraf horen dat ik makkelijk praten heb omdat ik niet meer uit de kerk kan worden gezet.

Natuurlijk hoop ik dat veel predikanten en gelovigen zich na lezing van dit boek tot het atheïsme bekeren, en – hoewel ik in die richting minder illusies koester – andersom: dat veel atheïsten in

1 Dat vermoeden is inmiddels bevestigd: blijkens een IKON-onderzoek uit 2006 is één op de zes voorgangers niet (meer) overtuigd van het bestaan van God.

God gaan geloven en dat ten minste enkelen predikant worden. Die stap lijkt wederzijds groter dan hij in werkelijkheid is, want predikanten en atheïsten hebben één ding gemeen: ze weten niet wie of wat God is, maar als ze dat toegeven, hebben ze geen bestaansrecht meer.

Dit boek is met een glimlach geschreven. Als predikant met hart en ziel en atheïst in hart en nieren heb ik me vrij gevoeld om zowel de atheïst als de predikant op de korrel te nemen, en eerlijk gezegd schep ik daar wel genoegen in. Ik hoop dat de lezer er net zo veel plezier aan zal beleven en er wellicht iets van opsteekt.

Een spannend boek zal het niet worden, want de uitkomst staat al vast: een predikant kan atheïst zijn, en andersom. Want al zou ik de enige zijn: ik ben er een, misschien een beetje meer athikant dan pretheïst, maar toch.

Voor wie schrijf ik?

De lezer die ik tijdens het schrijven steeds voor ogen heb gehad, weet het niet zo goed. Hij twijfelt aan het bestaan van God of gelooft er helemaal niet (meer) in en vraagt zich af wat er nog te geloven valt als God niet bestaat (heel wat, ik zeg het maar vast).

In de kerk zie ik hem als iemand die wekelijks ervaart hoe groot het verschil is tussen zijn eigen geloofsbeleving en de vanzelfsprekendheid waarmee in de kerk wordt gesproken op een manier die elke twijfel aan Gods bestaan de mond snoert. Maar voor hem spreekt die vanzelfsprekendheid niet meer vanzelf. En daarin voelt hij zich nauwelijks serieus genomen; voor zijn vragen is geen aandacht, of ze worden ontweken.

Buiten de kerk zie ik hem als iemand die zich de afgelopen jaren teleurgesteld heeft afgewend en weliswaar onkerkelijk is geworden, maar niet ongelovig. Hij heeft de antwoorden achter zich gelaten, maar de vragen meegenomen. Misschien noemt hij zichzelf 'ietsist', gelooft hij wel dat er iets is, maar noemt hij dat niet God omdat hij inmiddels allergisch is geworden voor wat er in kerken onder dat woord wordt verstaan.

Buiten de kerk zie ik hem ook als iemand die rondscharrelt op de markt van religie en zingeving en daar probeert zijn eigen geloofspakket samen te stellen. Hij wil leven met openheid voor méér dan alledaagse oppervlakkigheid, staat onbevangen en onbevooroordeeld tegenover het woord 'God' en vermoedt dat met dit woord ooit datgene bedoeld moet zijn waarnaar hij op zoek is.

Ik zie hem overal zoeken behalve in de kerk. Hij weet dat hij in een instituut waar op eigentijdse vragen middeleeuwse antwoorden worden gegeven, niets zal vinden.

Ik voel me bondgenoot van de twijfelende lezer die worstelt met versleten godsvoorstellingen en die wel af zou willen van wat kerken over God beweren, maar niet van zijn geloof. Ik sta aan de kant van mensen die de mist in worden gestuurd door theologen die 'doen alsof God bestaat', of – erger nog – die de vraag naar Gods bestaan als achterhaald of irrelevant beschouwen. En ik voel verwantschap met al die zinzoekers die vermoeden dat er méér is dan wij met onze ogen kunnen zien, maar die om het woord 'God' heen zullen blijven lopen zolang het niet is ontdaan van kerkelijke ballast.

Geen moeilijk boek

Dit boek is geschreven voor gewone mensen.

Deze opmerking is ook kritisch bedoeld: om het te kunnen schrijven, heb ik heel wat boeken in mijn handen gehad en doorgewerkt. Ze zijn vrijwel zonder uitzondering onleesbaar voor niet-theologen. Dat moet anders kunnen, al was het maar om één simpele reden: áls God al een bedoeling zou hebben gehad (wat ik niet geloof), dan zal die toch niet geweest zijn dat hij de mensheid heeft willen opzadelen met raadsels die alleen door godgeleerden op te lossen zijn.

Geen moeilijke woorden dus. Voor liefhebbers heb ik, als aanhangsel, een lijst opgenomen van 'opzettelijk vermeden termen'.

Geen christelijk boek

Om in God te geloven is Jezus niet per se nodig. Het christendom beschouw ik religieus gesproken als een (zij)spoor waar wij als West-Europeanen min of meer toevallig op zijn beland. Dat spoor verloochen ik niet, maar ik relativeer het wel. De kerkelijke fixatie op Jezus zie ik als een dwaalspoor, Jezus was zelf niet eens christen. Ik bewonder hem als een van de uitzonderlijke mensen die op zijn manier heeft getoond of geleefd wat God is, zoals anderen dat voor en na hem hebben gedaan en doen. Ik hecht meer belang aan bijbelse dan aan kerkelijke traditie. Omdat ik toevallig in Nederland en niet in Thailand ben geboren, is het niet in me opgekomen om bijvoorbeeld een boeddhistische monnik te worden, maar ben ik nu predikant in een protestantse kerk en is de bijbel mijn primaire religieuze inspiratiebron.

Hij en zij

Wat niet bestaat, is geen hij, zij of het. Als ik naar God verwijs met 'hij', is dat alleen maar om te vermijden dat ik in één zin soms drie keer het woord 'God' moet gebruiken. Ook als ik naar mensen verwijs, gebruik ik meestal 'hij'. Ik hoop dat zij daar begrip voor heeft.

Excuses vooraf

Wat ooit aantekeningen waren, is in de loop der jaren mijn eigen taal geworden. Het is daarom niet uitgesloten dat iemand iets van zichzelf tegenkomt zonder dat hij als bron wordt genoemd. Ik wil je vragen dat als compliment te beschouwen.

Over de inhoud

Dat God bestaat, geloof ik niet. Ik geloof wel in God.

Het niet-bestaan van God is voor mij geen beletsel, maar voorwaarde om in God te geloven, ik ben een gelovige atheïst.

In hoofdstuk 1 licht ik het begrip 'atheïsme' nader toe, probeer ik enig zicht te scheppen in de mist die rond het woord 'bestaan' hangt, en wind ik me enigszins op over collega-theologen die beweren dat het er niet toe doet of God bestaat. Met de bijbel in de hand stem ik in met atheïsten – God bestaat niet –, wijs ik met een beschuldigende vinger naar de kerk en beweer ik dat wat in kerken 'God' wordt genoemd een historisch misverstand is: die God heeft nooit bestaan. Tot het einde van de middeleeuwen was het een goed bewaard kerkelijk geheim dat het christelijke geloof in één, almachtige God op een wankel bijbels fundament was gebouwd. Daarna, met de opkomst van de wetenschap, werd het in toenemende mate onhoudbaar. Vandaag is het naar mijn mening de katalysator van de ontkerkelijking: als je mensen niet serieus neemt, lopen ze vanzelf de kerk wel uit.

Hoofdstuk 2 gaat over geloven. Dat heeft meer te maken met leven dan met godsdienst. De oorspronkelijke betekenis van het woord 'geloven' is 'vertrouwen' en dat doe je, net als leven, op basis van verzamelde ervaringen. God kán het woord zijn waarmee je een ervaring benoemt, maar dat hoeft niet. Met bijbelse steun benoem ik God als 'wat meetrekt met mensen die onderweg zijn'. Daarom zeg ik dat God niet bestaat, maar gebeurt, of kán gebeuren. Daar zijn mensen voor nodig, zonder mensen is God nergens.

Hoofdstuk 3 geeft antwoord op vaak gestelde vragen: wat heeft een predikant die niet gelooft dat God bestaat, in een kerk te zoeken? En hoe doe jij dat, Klaas Hendrikse, hoe ga je om met de traditie, de liturgie, met bidden, met ziekte en dood in je gemeente?

In hoofdstuk 4 maak ik een droevig stemmend rondje om en in de kerk, om hoopvol te eindigen: jawel, er is nog toekomst voor de kerk, dankzij het atheïsme! Gesteund door die overtuiging schets ik het beeld van een gedroomde toekomstige kerk.

1.

God bestaat niet – het gelijk en ongelijk van atheïsten

Eerst maar even zeggen dat ik niet aan dit boek ben begonnen om iemand ervan te overtuigen dat God niet bestaat.

Ik groeide op te midden van mensen die ervan overtuigd waren dat God bestaat en die daar hun leven naar inrichtten. Aan velen van hen denk ik met genegenheid en respect terug. En datzelfde respect gaat uit naar mensen die nu leven vanuit de overtuiging dat God bestaat. Natuurlijk ben ik het niet met hen eens, want ik ben ervan overtuigd dat God niet bestaat.

Tussen die twee standpunten bevindt zich, binnen en buiten de kerk, een meerderheid die twijfelt aan het bestaan van God. De meesten van hen zullen zijn grootgebracht met het idee dat geloven in God min of meer automatisch betekent dat je óók gelooft dat God bestaat. Mijn boodschap is niet dat dat niet mag, maar dat het niet hóéft: je hoeft niet te geloven dat God bestaat om in God te kunnen geloven.

Bestaat het niet, dan schaadt het niet...

Wat bedoelt iemand met de uitspraak 'God bestaat (niet)'? Dat hangt in de eerste plaats af van wat er onder het woord 'bestaan' wordt verstaan. Daar hangt nogal wat mist omheen, vooral bij theologen die er kennelijk aan hechten duidelijkheid te vermijden. In dit hoofdstuk spreek ik hen daarop aan, niet in de laatste plaats omdat zij daarmee naar mijn mening weglopen voor hun verantwoordelijkheid om vragen en twijfels van gelovigen serieus te nemen en zo mogelijk te beantwoorden.

Met een mistig kerkelijk godsbeeld is ook de 'tegenpartij' niet geholpen, want met de bewering dat een mistbank niet bestaat, ben je nog geen atheïst.

Ook het begrip 'atheïsme' is omgeven door nevels, en atheïstische uitspraken over God en geloven zijn zelden zinnig, meestal onzinnig, soms zelfs karikaturaal. Het gevolg is dat maar weinig mensen zichzelf atheïst noemen, terwijl ze het feitelijk wel zijn. In die verwarring zal ik proberen enige duidelijkheid te brengen.

Vervolgens zal ik, met de bijbel in de hand, laten zien dat een atheïst goede papieren heeft: de God waarvan anderen beweren dat hij bestaat, bestaat niet. Sterker nog: het idee dat God bestaat, berust op een historisch misverstand. En op een bijbels misverstand: God bestond oorspronkelijk niet, de aanleiding tot het bestaan is 'geleend' van heidenen. Die lening is nooit afgelost, met als gevolg dat het christendom tot op de dag van vandaag bol staat van het heidendom.

Toen de kerk ontstond, was de God van Israël – oorspronkelijk gewoon god onder de goden – al de enige en de grootste geworden, die geen andere goden naast zich duldde. Deze vorm van dictatuur wordt monotheïsme genoemd: er is maar één God.

Onderdrukking gaat altijd samen met verzet. Om het oppergezag van de machthebber kracht bij te zetten werd God uitgeroepen tot 'Almachtige'. Daarmee groef de kerk haar eigen kuil. Omdat zij zichzelf inmiddels ook tot almachtig instituut had verheven, viel ze er pas veel later in. De huidige leegloop van de kerk heeft alles te maken met het verlaten van een onhoudbaar godsbeeld dat gedurende eeuwen tegen beter weten in en met alle middelen – zo nodig te vuur en te zwaard – in stand werd gehouden.

In de zestiende eeuw ontstonden de eerste krasjes, en met de opkomst van de wetenschap in de eeuwen daarna moest God steeds meer terrein prijsgeven.

Aan het eind van dit hoofdstuk zal ik betogen dat geloven en wetenschap prima samen kunnen gaan als beide partijen zich aan bepaalde spelregels houden. Voor de kerkelijke partij betekent dit wel dat zij het begrip 'almacht' zal moeten loslaten om in deze tijd een serieuze gesprekspartner te zijn als het gaat om onderwerpen als evolutietheorie en *intelligent design*.

Het al dan niet bestaan van God

Ik denk, dus ik besta.[1]

'Wie tot God komt, moet geloven dat Hij bestaat,' aldus het bijbelboek Hebreeën.[2] Korter en kernachtiger kan het misverstand niet geformuleerd worden: als je in God gelooft, geloof je dat hij bestaat. Daar staat of valt het geloof toch mee, want als hij niet bestaat, hoe zou je dan in hem kunnen geloven? Nee, daar valt het alleen maar mee, want volhouden dat God bestaat leidt tot onoplosbare problemen. Het brengt je niet verder dan: ja, dat zal dan wel, dat God bestaat. Of dat zal dan wel níét.

Maar God kan onmogelijk bestaan op de manier waarop een appeltaart bestaat. Anders uitgedrukt: God valt buiten de categorie van verschijnselen waarvoor het woord 'bestaan' zinnig kan worden gebruikt. Eenvoudiger en duidelijker: God bestaat niet.

Iemand die ontkent dat God bestaat, is bepaald geen godloochenaar. Eigenlijk is het andersom: iemand die beweert dat God wél bestaat, is een godloochenaar. Want juist een gelovig mens is zich ervan bewust dat God niet bestaat zoals iets of iemand anders in onze werkelijkheid bestaat.

Ik denk, dus ik denk dat ik besta.[3]

1 René Descartes, natuurwetenschapper en filosoof (1596-1650).

2 Hebreeën 11:6 – Vertaling Nederlands Bijbelgenootschap, hierna: NBG.

3 Vrij naar Descartes.

Ik besef dat er tussen God en appeltaart een gebied ligt waar genuanceerder over bestaan gesproken zou kunnen worden. Over atomen, geluidsgolven, schoonheid, geluk, verdriet, illusies en de smaak van appeltaart zal wel meer te zeggen zijn dan dat zij eenvoudigweg wel of niet bestaan.

Voor mijn onderwerp, God, is dat niet relevant. Zelfs als ik zou moeten toegeven (wat ik niet doe) dat God 'anders bestaat' dan een appeltaart, dan zou ik dat beschouwen als een extra argument om het woord 'bestaan' niet op God toe te passen. Anders en tegen theologen gezegd: als God ánders bestaat, nóém het dan ook anders en blijf niet het woord 'bestaan' gebruiken.

Uit gesprekken en publicaties leid ik af dat veel collega-theologen en -predikanten het ermee eens zijn dat God geen appeltaart is. Voor de meesten schijnt dat iets anders te zijn dan rechtuit zeggen dat God dus niet bestaat. Er wordt op soms onnavolgbaar creatieve wijze om de hete brij heen gedraaid. Bijvoorbeeld: 'God is zo groot dat Hij niet hoeft te bestaan.'[4] Of: 'God bestaat in het ritueel, of voor de duur van het gebed, zonder dat Hij daarbuiten bestaat.'[5] Of: 'God bestaat niet, maar Hij "is".'[6] Of: 'God staat, verstaat, maar Hij bestaat niet.'[7]

Met alle respect hoor, maar dat noem ik bellen blazen. Dat God bestaat, wordt niet bevestigd of ontkend, maar in nevelen gehuld. Zo blijft de godgeleerde buiten schot, snapt God zelf nauwelijks meer of hij nu wel of niet bestaat, en begrijpen gewone mensen er helemaal niets meer van.

Als ik in een willekeurig gezelschap vraag: 'Wie gelooft dat God

4 De titel van een boek van Gerrit Manenschijn, emeritus hoogleraar ethiek.

5 Opgetekend uit meerdere monden.

6 Idem.

7 Anne van der Meiden, theoloog en emeritus hoogleraar massacommunicatie, in *VolZin*, 2 januari 2004.

niet bestaat?' steekt ongeveer twintig procent van de aanwezigen een hand op. Als ik vervolgens vraag: 'Wie gelooft dat God *wel* bestaat?' zie ik ongeveer evenveel handen. Ik leid daaruit af dat de meeste mensen geloven dat God *niet wel* bestaat.[8] Dat is niet wat je noemt een solide basis voor een geloofsovertuiging. Naar mijn mening wringt hier het eeuwenoude misverstand (het is namelijk gewoon heidendom) dat God een of ander wezen is. Daarvan kan probleemloos worden beweerd dat het bestaat.

De meeste mensen geloven niet meer in zo'n wezen, en daarmee valt voor hen de bodem onder Gods bestaansrecht weg. Maar een alternatief hebben ze niet. Werk aan de winkel voor de theologie!

Vloeken: doen alsof God bestaat

Uit reacties op eerdere publicaties waarin ik beweerde dat God niet bestaat, is gebleken dat dit door velen wordt beschouwd als vloeken in de kerk. De mij toegevoegde woorden als Satan, Antichrist en wolf in schaapskleren wijzen althans in die richting.

Ik ben het daar uiteraard niet mee eens. Bovendien: als God niet bestaat, moet vloeken niet zo veel kwaad kunnen. Maar ik zou het woord 'vloeken' liever reserveren voor 'doen alsof God bestaat'.

'Als God niet bestaat, waarom doen zij dan net alsof God wel bestaat?' Dat was de vraag van het jongetje in de Alblasserwaard. Als ik in de kerk om me heen kijk en luister, keert diezelfde vraag steeds onbeantwoord terug.

Hoewel, in *Trouw* las ik als kop boven het verslag van een bij-

8 Ik sluit niet uit dat de verleidelijke respectievelijk dreigende toon waarop de vragen worden gesteld, alsmede de waarschijnlijkheid dat het aandeel orthodoxe gelovigen ondervertegenwoordigd is in wat ik een 'willekeurig gezelschap' noem, van invloed kunnen zijn op de betrouwbaarheid van de gegevens waaruit ik mijn conclusie trek.

eenkomst van predikanten: 'Je kunt alleen geloven door te doen alsof God bestaat.'[9] Een van de sprekers, Rein Nauta[10], stelde: 'Geloven is een performatieve act, een soort spel, te vergelijken met een theatervoorstelling.' Dat beantwoordt in elk geval de vraag waarom mensen liever naar een schouwburg gaan dan naar een kerk. Door te doen alsof God bestaat, worden kerkgangers onnodig het bos in gestuurd, of om de tuin geleid.

Als reactie op mijn plan om een boek te gaan schrijven, werd mij nogal eens te verstaan gegeven dat 'het er niet toe doet of God wel of niet bestaat'. Uit de mond van een theoloog is dat zo mogelijk nog godslasterlijker dan vloeken. Iemand die twijfelt, is daarmee niet geholpen, maar wordt met een kluitje in het riet gestuurd. Of naar de schouwburg. Voor hem of haar is het al dan niet bestaan van God wél relevant, cruciaal zelfs. En het minste wat mensen mogen verwachten, is dat hun vragen en twijfels serieus worden genomen.

Al met al, met iemand die zegt: 'God bestaat niet,' kan ik – uiteraard – prima door één deur naar buiten. Zo ook met iemand die zegt: 'God bestaat wel,' maar onze wegen scheiden zich zodra we buiten staan. Wie zegt: 'Het doet er niet toe of God wel of niet bestaat,' kan beter binnen blijven. Er staat vast wel ergens een gemakkelijke stoel.

Het gaat me er niet om collega's aan te vallen. Ik zie alleen dat met enige regelmaat uit onderzoeken blijkt dat de meeste mensen zich niet ongelovig noemen, maar wel onkerkelijk zijn. Dat betekent dat er niet zozeer sprake is van ongeloof, als wel van vervreemding van wat er in kerken over God wordt beweerd. Kennelijk willen mensen niet van hun geloof af, maar wel van die God.

9 *Trouw*, 27 januari 2007, verslag van een bijeenkomst van de PKN-predikantenbeweging Op Goed Gerucht.

10 Rein Nauta, hoogleraar godsdienstpsychologie.

In de kerk wordt intussen genade uitgedeeld ('van God onze Vader'), gebeden ('eeuwige God, hoor ons, geef ons...') en gezegend ('de Heer zegene U...') op een manier die elke twijfel aan Gods bestaan de mond snoert. Dat is zo ongeveer het beeld: binnen en buiten de kerk wordt alom getwijfeld aan het bestaan van God, en de kerk gaat stug door met doen alsof God wel bestaat.

De meeste twijfelaars zijn, ook al noemen ze zich niet zo, in feite atheïst. Omdat ze dat wellicht niet meteen zullen beamen, zal ik eerst uiteenzetten wat er zoal onder atheïsme wordt verstaan en wat ík eronder versta.

Over atheïsme

God zij dank ben ik atheïst.[11]

Wat is atheïsme? De naam zegt het al: een a-theïst is een niet-theïst of anti-theïst. Een theïst is iemand die in God gelooft op een 'theïstische manier': in een persoonachtig 'wezen' dat over eigenschappen beschikt, zoals almacht, alwetendheid en alomtegenwoordigheid. Atheïsme is daarom aan plaats en tijd gebonden: naast, of tegenover, niet-theïstische religies als het boeddhisme en het taoïsme komt het verschijnsel niet voor.

Een atheïst bestaat dus bij de gratie van een theïst en weerspreekt wat deze beweert: dat God bestaat. Hij gelooft iets niet wat een ander wél gelooft en is dus eigenlijk alleen maar een 'tegenspreker'. Atheïsme is van oorsprong een ontkenning, een non-overtuiging. Daarom kan een atheïst ook nooit gelijk hebben, het hoogst haalbare is dat iemand anders ongelijk heeft. Dat klinkt een beetje 'tweedehands'[12], of in elk geval weinig origineel. De meeste atheïsten voelen zich in die definitie dan ook niet thuis, omdat zij zichzelf liever beschouwen als oorspronkelijke denkers, die op grond van hun eigen overtuiging een atheïstische positie kiezen. Die vlieger gaat alleen op voor degenen die zelfstandig op het idee zijn gekomen om te gaan beweren dat iets wat niet bestaat, niet bestaat. Dat is weliswaar origineel, maar met denken heeft het niet zo veel te maken.

11 Gezien op een T-shirt.

12 Term van Henri Bergson, Joods-Franse filosoof (1859-1941).

Herman Philipse, auteur van het *Atheïstisch manifest*[13] en door velen beschouwd als de hedendaagse incarnatie van het atheïsme, noemt zijn atheïsme een 'originele levensbeschouwing'. Daarmee eigent hij zich iets toe wat behoort aan mensen die nog nooit van het woord 'God' hebben gehoord, en bij wie de vraag waarop atheïsme een antwoord zou kunnen zijn simpelweg niet is opgekomen. Ik gun Philipse zijn originele levensbeschouwing, maar als hij dat 'atheïsme' noemt, dan noem ik het 'bastaardatheïsme': een atheïst ontkent alleen maar en daar is niets origineels aan.

Dat een atheïst niet méér is dan een ontkenner, blijkt ook uit onze taal. Tegenover een veelheid van namen en aanduidingen voor gelovigen – katholieken, calvinisten, lutheranen, pantheïsten, sjiieten, soennieten, methodisten, Jehova's getuigen, vrijzinnigen, evangelicalen – staat slechts dat ene woord: atheïsme. En het betekent in alle gevallen dat iemand niet gelooft dat (wat anderen) God (noemen) bestaat. En het zegt in al die gevallen niets over wat iemand wél gelooft of hoe hij het leven 'beschouwt'. Een atheïst, zo zal nog blijken, kan wel degelijk een gelovige zijn.

De verwarring is niet van vandaag. De oude Grieken beschouwden de joden als atheïsten omdat ze maar in één god geloofden. De eerste christenen werden door de Romeinen atheïsten genoemd omdat ze geen heiligdommen, godenbeelden of offers kenden. In de zestiende eeuw scholden protestanten en katholieken elkaar uit voor atheïst. De meest voor de hand liggende historische samenvatting gaat in de richting van de menselijke neiging om datgene wat je zelf niet gelooft als bijgeloof of ongeloof te beschouwen. Daarover zullen ook de meeste atheïsten en gelovigen het wel eens zijn.

Het woord 'God' heeft niet in elke situatie of periode dezelfde

13 Herman Philipse, hoogleraar filosofie: *Atheïstisch manifest*, Amsterdam 1995.

betekenis, en een atheïst past zich daaraan braaf aan. Hij ontkent namelijk niet God, maar een bepaalde opvatting over of een bepaald beeld van God. Atheïsten zijn er dus altijd geweest, en zolang er godsdienst is, zullen ze er zijn.

Atheïsten zijn er in soorten

In ons land en in onze overwegend '(post)christelijke' cultuur zijn de meeste a-theïsten in feite a-christenen: zij wijzen de christelijke godsopvattingen af. Die afwijzing kan, afhankelijk van achtergrond en karakterstructuur van betrokkene, variëren van betrekkelijke onverschilligheid – 'allemaal onzin' – tot grote felheid. Er is dan meestal niet zozeer sprake van een weloverwogen afwijzing, maar meer van 'afkicken', of deftiger: een rancuneuze vorm van atheïsme waarbij de God die iemands leven voor een deel heeft vergald, wordt afgezworen en bestreden. Meestal is die God verbonden met wat vroeger wel en (vooral) niet mocht, met name op zondag. Kenmerken: zie Maarten 't Hart.

Een minder felle, doch niet minder venijnige groepering bestaat uit – veelal geleerde – mensen die zichzelf beschouwen als 'intellectueel of filosofisch atheïst'. Zij zijn door nadenken en verstandelijk redeneren tot de weloverwogen slotsom gekomen dat geloof niet in overeenstemming is te brengen met rede en ratio. Zij beschouwen God als een irrationele toevoeging aan de werkelijkheid. Deze 'atheïstische elite' heeft het tot een kunst verheven om gelovigen te typeren als mensen met een intellectueel defect, en schept daar zichtbaar genoegen in. Een aantal van hen kwam aan het woord in het boek *Leven zonder God*[14]. Onder hen Hans Crombag[15]: 'Ik zie dat geloof en bijgeloof ook bij heel verstandige mensen (...) door

14 Harm Visser: *Leven zonder God: Elf interviews over ongeloof*, Amsterdam 2003.

15 Hans Crombag is emeritus hoogleraar psychologie.

de week gebruiken ze hun hersens, op zondag, als ze naar de kerk gaan, laten ze die thuis'[16], en Matthijs van Boxsel[17]: 'Petrus en Johannes worden in Handelingen daadwerkelijk idioten genoemd. Maar ook gewone christenen zijn eigenlijk idioten.'[18]

Ik onthoud me van commentaar. Het zal wel aan mijn Alblasserwaardse afkomst liggen dat ik moeite heb met mensen die zichzelf als intellectueel beschouwen; als het om wezenlijke dingen ging, heb ik meer geleerd van boeren dan van professoren. Kenmerken van de 'atheïstische elite': agressief, zelfvoldaan, rationeel, opvallend gebrek aan (goede) humor.

De term 'religieus atheïsme' ben ik alleen in literatuur tegenkomen. Ik heb nog nooit iemand ontmoet die zich een religieuze of gelovige atheïst noemde. Aangenaam, dan wil ik de eerste wel zijn: ik geloof niet dat God bestaat, maar ik geloof wel in God.

Agnosten en ietsisten

Naast gelovigen en atheïsten bestaan er ook zogenaamde 'agnosten' en 'ietsisten'.

Een agnost (letterlijk: iemand die het niet weet) onthoudt zich van een oordeel over het bestaan van God, hij laat het open. Hij houdt de kerk precies in het midden door tussen de gelovige en de atheïst te gaan staan. Eenvoudiger uitgedrukt: hij weet het gewoon niet, of nog niet. Atheïsten tonen weinig waardering voor hem, vinden dat hij koketteert met zijn tolerantie en redelijkheid en verwijten hem lafheid omdat hij zijn oordeel nog even – en waarschijnlijk voor onbepaalde tijd – opschort. De agnost lijkt een beetje op iemand die de hele dag in zijn zwembroek aan de

16 Hans Crombag in Harm Visser, a.w. (in het aangehaalde werk), p. 34.

17 Matthijs van Boxsel is auteur. Hij schreef onder andere *De encyclopedie van de domheid*, Amsterdam 2001.

18 Matthijs van Boxsel in Harm Visser, a.w., p. 162.

rand van het zwembad naar andere zwemmers kijkt, de beslissing om in het water te springen maar niet kan nemen en aan het eind van de dag droog naar huis gaat, om de volgende dag weer terug te komen.

Een ietsist gaat niet zo ver als de atheïst met diens bewering dat God niet bestaat. Of hij gaat juist verder, daar waar de atheïst stopt. Zijn standpunt over geloven is opener dan dat van de atheïst. Waar deze niet gelooft, doet de ietsist dat wel: hij gelooft wel dat er 'iets' is of bestaat, maar noemt dat geen God. Om in het beeld te blijven: de ietsist houdt het op pootjebaden; hij zou misschien best willen zwemmen, maar dan graag zonder nat te worden. Ik merk daarbij nog op dat bij de negatieve kwalificaties die hun vaak ten deel vallen, meestal wordt vergeten dat veel ietsisten kerkverlaters zijn: zij zijn al eens nat geweest.

Atheïsten over God

'Bestaat de mier eigenlijk wel...? of heb ik hem verzonnen...?'[19]
(Ja, zegt de atheïst, je hebt hem verzonnen...)

Een atheïst gelooft dus niet dat God bestaat. Nu zal geen zinnig mens spontaan op het idee komen om te beweren dat iets wat niet bestaat, niet bestaat. Er moet eerst iemand anders zijn geweest die beweerde dat God wél bestaat. De atheïst heeft het 'van horen zeggen'; hij gelooft niet wat anderen over God beweren.

Wie zijn die anderen? Om het overzichtelijk en dicht bij huis te houden noem ik die anderen christenen en neem ik aan dat zij hun beweringen ontlenen aan wat de kerk over God beweert. Een

19 Toon Tellegen: *Bijna iedereen kon omvallen*, Amsterdam 1993.

atheïst gelooft dus niet in wat de kerk van God heeft gemaakt. Wat heeft de kerk – naar het beeld van de atheïst – van God gemaakt?

Atheïstisch godsbeeld

Uit wat ik van atheïsten heb gehoord en gelezen, schets ik een 'atheïstisch godsbeeld'. In twee regels is dat: het beeld van God als een hoogverheven almachtig wezen dat ooit besloot tot het ontstaan van hemel en aarde, het woord nam door zichzelf (in het Hebreeuws) toe te spreken en zodoende die scheppingsklus eigenhandig en uit het niets in zes dagen wist te klaren, waarna hij vaststelde dat het 'zeer goed' was. Bij nader inzien bleek dat – hier beneden althans – enigszins tegen te vallen, zodat hij zich genoodzaakt zag zijn Zoon naar de aarde te sturen, hetgeen een fiasco dreigde te worden omdat Jezus vermoord werd, maar dat bleek juist de redding te zijn, want daardoor kon er een kerk ontstaan die tot op de dag van vandaag belijdt dat Jezus Christus 'onze Heer en Verlosser' is, en die volhoudt dat er een persoonlijke, volmaakte, voorzienige, alomtegenwoordige, eeuwige, onveranderlijke doch desalniettemin soms toornige maar overwegend rechtvaardig oordelende en bovenal genadige God bestaat.

Atheïstische (on)geloofsbelijdenis

Ik licht er drie karakteristieken uit. Niet willekeurig, maar omdat de atheïstische kritiek op het vermeende christelijke godsbeeld zich vooral richt op de eerste regel. En ik formuleer een 'atheïstische (on)geloofsbelijdenis': 'God, het almachtige opperwezen dat hemel en aarde geschapen heeft, bestaat niet.' Ik reageer erop met achtereenvolgens instemming, verontwaardiging, kritiek en verbazing.

Instemming: ik ben het eens met de atheïst, die God bestaat niet.

Ik heb hem dus verzonnen... dacht hij. Dus heb ik ook zijn voelsprieten en zijn tenen verzonnen, en dat hij honing het allerlekkerste vindt dat er bestaat. En dat ik hem mis, dat heb ik dus ook verzonnen. In gedachten zag hij zijn verzinsel lopen...[20]

Verontwaardiging: de atheïst maakt – al of niet bewust[21] – een karikatuur van het christelijke godsbeeld. Je hoeft bepaald geen atheïst te zijn om de 'atheïstische belijdenis' te onderschrijven. Veel christenen zullen er zo hun handtekening onder willen zetten, ook voor hen is die God allang dood. Dat is ook mijn bezwaar als predikant: ik herken mijn gemeenteleden in die belijdenis. Maar ook zij worden door de atheïst achteloos voor achterlijk uitgemaakt.

En daar begint ook de kritiek: de atheïst is niet wat je noemt met zijn tijd meegegaan. Hij verkeert nog in de sfeer van middeleeuwse 'godsbewijzen', en zijn beeld is navenant: de God van belijdenissen en dogma's. De meeste gelovigen zullen daar hooguit de Sinterklaasachtige God van hun kinderjaren in herkennen, die destijds met de Dinky Toys en de Meccanodoos op zolder is gezet. Maar de atheïst volhardt in het beeld van een gelovige als iemand die voor waar houdt dat God in zes dagen hemel en aarde schiep en sindsdien als een zorgzame Vader waakt over zijn schepping en schepselen. Ik ontken niet dat er nog altijd mensen zijn die dat geloven, maar zij vormen inmiddels wel een zo kleine minderheid dat het op z'n minst verrassend is dat ze nog steeds beeldbepalend zijn voor wat een atheïst zich voorstelt bij wat een gelovige wel en niet gelooft. En dat er nog zo veel energie in wordt gestoken om dat tegen te spreken.

20 Toon Tellegen: *Bijna iedereen kon omvallen*, Amsterdam 1993.

21 Rudy Kousbroek, auteur, in Harm Visser, a.w., p. 58: 'Het beste remedie tegen religie is in het algemeen de karikatuur.'

De atheïst heeft kennelijk een voorkeur voor de middeleeuwen. Dat roept wel een aardig beeld op van een eenentwintigste-eeuwse atheïst: een ridder die achterstevoren op zijn paard zit, harnas gesloten, de lans gericht naar het verleden.

Mijn verbazing betreft vooral de argumentatie: allemaal verzinsels, illusies, een collectieve verstandsverbijstering, een mooie uitvinding die mensen steun, afleiding en troost biedt, een doekje voor het bloeden. Van echte argumenten is eigenlijk nauwelijks sprake; de atheïstische kritiek beperkt zich tot het verketteren van andersdenkenden.

Het recente boek van de Britse evolutiebioloog Richard Dawkins, *God als misvatting*, illustreert dat treffend. De kracht van zijn argumentatie moet vooral blijken uit de manier waarop die wordt geïntroduceerd (als een 'knaller'[22]) en uit de stelligheid waarmee de beweringen worden gedaan. Ook in het afserveren van andere opvattingen blijft Dawkins niet achter: wie niet tot zijn geestverwantenkring behoort, verdwijnt in de gehaktmolen. Zijn uiteindelijke conclusie, 'dat God hoogstwaarschijnlijk niet bestaat', heeft niet meer om het lijf dan de vooronderstelling waarvan hij was uitgegaan.

Een van de favoriete atheïstische 'argumenten' is: 'Een God die zoiets toelaat, daar geloof ik niet (meer) in.' En mensen die zoiets toelaten, heb je daar geen moeite mee? En als al die ellende er nu eens niet zou zijn, zou je dan concluderen dat God wél bestaat?

Het is dan ook niet verwonderlijk dat slechts een klein deel[23] van de Nederlandse bevolking zich atheïst noemt. De meerder-

22 Richard Dawkins, *God als misvatting*, Amsterdam 2006, p. 127.

23 De onderwaardering is tamelijk consistent: dertien procent in 2004 (Hijme Stoffels in opdracht van het Nederlands Bijbelgenootschap, de Vrije Universiteit, de NCRV en *Trouw*), zeventien procent in 2006 (Sociaal Cultureel Planbureau), veertien procent in 2007 (in het onderzoek 'God in Nederland').

heid, toch niet op het achterhoofd gevallen, laat zich kennelijk zonder deugdelijke argumenten niet overtuigen. En de grote bak van kerkverlaters die niet meer gelooft dat God bestaat, en die daarom in de categorie 'atheïst' zou moeten vallen, noemt zich desondanks niet zo. De atheïstische koek gaat er dus zomaar niet in, en terecht: er klopt iets niet. Het toenemende aantal ietsisten en agnosten (mensen dus die *niet wel* geloven dat God bestaat[24]) wijst er al op dat geloven dat God niet bestaat niet leidt tot uitsluiting van God. Ofwel – en daar ben ik naar op weg – er zijn geen atheïstische argumenten die verhinderen om in (een niet-bestaande) God te geloven.

Atheïsten over geloven

Laat varen het onverstand, dan zult gij leven, en betreedt de weg van het verstand.[25]

Hierboven noemde ik de 'atheïstische ongeloofsbelijdenis' een karikatuur van het christelijke godsbeeld. Dat iemand met een karikaturaal beeld van God een genuanceerd beeld van een gelovige heeft, ligt niet in de lijn der verwachting. En dat wordt ook bevestigd: de atheïst vindt een gelovige maar een stuk onverstand. De kwalificaties van de hedendaagse elite variëren van 'domheid zonder meer'[26] tot 'iets voor achterlijke mensen'[27].

Dat zijn, voorzichtig gezegd, geen termen die gangbaar zijn als

24 Zij steken niet hun hand op als wordt gevraagd: 'Wie gelooft dat God níet bestaat?' En ook niet als wordt gevraagd: 'Wie gelooft dat God wél bestaat?'

25 Spreuken 9:6, NBG.

26 Matthijs van Boxsel in Harm Visser, a.w., p. 159.

27 Rudy Kousbroek in Harm Visser, a.w., p. 61.

logische conclusie van een rationele overweging. Ze bevatten een emotionele lading die doet vermoeden dat voorgeschiedenis en psychologie van de spreker een niet geringe rol spelen. Zie hoe de atheïstische elite ertoe gekomen is om atheïst te worden, en oordeel zelf.

Ronald Plasterk[28]: was teleurgesteld in het antwoord van de godsdienstleraar op de lagere school op zijn vraag: 'Als ik nu geloof dat ik nieuwe rolschaatsen krijg, krijg ik die dan écht?'[29]

Herman Philipse (had al heel jong sceptische argumenten tegen godsdienst, ging met zijn zusje naar catechisatie): 'Daar kwam nog bij dat de dominee (...) hele dikke, gematteerde sigaren rookte (...) die sigaar plus de verveling die ik ervoer, waren voor mij voldoende om niets voor religie te voelen.'[30]

Vincent Icke[31]: bidden voor zijn zieke vader haalde 'geen donder' uit: 'Langzamerhand ben ik toen tot de conclusie gekomen dat ik werd belazerd. Of liever gezegd: of God was een klungelende amateur, of Hij was een sadist.'[32]

De meeste atheïsten beweren niet-gelovig te zijn omdat ze tot de overtuiging zijn gekomen dat God niet bestaat. Vrijwel al hun verhalen stemmen in zoverre overeen dat zij 'op een gegeven moment tot die ontdekking' zijn gekomen. Hoe? Door niet langer te geloven wat anderen geloven. Dat onderscheidt hen niet van de meeste gelovige mensen: ook zij geloven niet meer in de God van hun kleuterjaren.

Het merkwaardige verschil tussen beiden is dat het godsbeeld

28 Ronald Plasterk, hoogleraar biologie, thans minister van Onderwijs, Cultuur en Wetenschap.

29 Harm Visser, a.w., p. 118.

30 Harm Visser, a.w., p. 90.

31 Vincent Icke, hoogleraar sterrenkunde.

32 Harm Visser, a.w., p. 184.

van de meeste gelovigen gaandeweg is veranderd, terwijl het bij de meeste atheïsten is blijven stilstaan op het moment dat zij er afscheid van namen. Dat verhindert hen niet om degenen die minder drastische conclusies trokken en andere wegen zijn gaan zoeken als 'irrationeel' te bestempelen.

De beoordeling en bejegening van de atheïst blijven hangen bij het beeld dat hij zelf heeft verworpen. Eerst wordt de gelovige ongevraagd in een (meestal) orthodoxe hoek geduwd en vervolgens voor dom uitgemaakt. Over de vraag of dit omgekeerde fundamentalisme eigenlijk wel atheïsme mag heten, ben ik nog niet uitgedacht.

Ook ik heb verstand, zo goed als gij, ik doe voor u niet onder…[33]

De atheïst vliegt wat mij betreft meervoudig uit de bocht.

In de eerste plaats reduceert hij een mens tot zijn verstand, terwijl de meeste mensen toch méér aan boord hebben dan hersens: emoties, verlangens, zorgen, hoop… Maar in atheïstische ogen betekent geloven dat je iets onmogelijks voor waar houdt door je verstand op nul te zetten. Dat er 's zondags ook geleerden naar de kerk gaan, wetenschappers, mensen met een uitstekend verstand, komt daarop niet in mindering. Integendeel, zij ontmoeten slechts hoon: 'Door de week bedrijft men natuurkunde en op zondag gaat men naar de kerk.'[34]

In de tweede plaats onderschat de atheïst de gelovige: zou hij nu werkelijk denken dat een eenentwintigste-eeuwse gelovige alles maar slikt?

33 Job 12:3, NBG.

34 Herman Philipse: *Atheïstisch manifest*, Amsterdam 2004 (6e verm. druk), p. 50.

Eén voorbeeld. In de God die in het bijbelboek Job voorkomt, is niet te geloven: een onschuldig mens wordt de inzet van een weddenschap tussen God en de duivel, en wordt in de ellende gestort. God vertegenwoordigt hier alles wat niet-God is, wij zouden hem een hufter noemen en daarmee komt hij er nog genadig van af. Zou een atheïst werkelijk denken dat een 'gewone gelovige' in zo'n God gelooft? Dat is toch niet te geloven!

Maar voor de atheïst is het kennelijk alles of niets. Hij beschouwt het geloof als een totaalpakket dat in zijn geheel dient te worden aanvaard: een gelovige hoort de bijbel letterlijk te nemen en de kerkleer onverkort te onderschrijven.

Als een gelovige voorzichtig tegenwerpt dat hij heus niet alles voor zoete koek aanneemt en zelf wel uitmaakt wat hij wel en niet geloofwaardig vindt, reageert de atheïst furieus: dat noemt hij vrijzinnigheid, ontoelaatbare willekeur: wél geloven wat in je kraam te pas komt en verwerpen wat je niet uitkomt.[35] Voor hem is óf/óf de enige mogelijkheid: óf je zegt ja tegen het hele pakket, en dat betekent dan zoiets als op gezag van de kerk alles aannemen, inclusief datgene waar je met je verstand nee tegen zegt, óf je gebruikt je verstand en wijst het godsgeloof integraal af.

Ten slotte: een atheïst vindt een gelovige 'dom'. Ik vertaal dat naar wat een predikant tegenkomt als 'kinderlijk geloof': 'Ik geloof als een kind, dominee.' Naar atheïstische maatstaven kán het waarschijnlijk niet dommer. Ik meet zelf liever naar integriteit. Anders gezegd: de betekenis die het geloof in iemands leven heeft, acht ik van meer belang dan de vraag of de inhoud van dat geloof, gemeten naar mijn intellectuele maatstaven, een voldoende haalt. Ik kom dagelijks mensen tegen die anders geloven dan ik, en zij en

35 Paul Cliteur, hoogleraar rechtswetenschappen, weet zelfs uit betrouwbare, zij het niet-atheïstische, bron dat dat niet is toegestaan: hij schreef een boek met de titel *God houdt niet van vrijzinnigheid.*

ik weten heus wel dat dat inhoudelijk soms geen hoogstandjes zijn, maar ik heb nooit de behoefte gevoeld om er een meetlat langs te leggen. Integendeel, als geloven 'werkt' in het leven van mensen, als ze ermee kunnen leven en sterven, wie ben ik dan om…?

Op de argumentatie, bejegening en motieven van de atheïst mag dan nogal wat aan te merken zijn, in zijn overtuiging dat God niet bestaat, heeft hij gelijk.[36] En in de volgende paragraaf krijgt hij het ook. Met de bijbel in de hand nog wel: God heeft nooit bestaan, een bestaande God is een historisch misverstand.

36 Als ik, hier en elders, een atheïst gelijk geef, dan betekent dat niets anders dan wat ik hiervoor schreef: zijn hoogste gelijk bestaat erin dat anderen ongelijk hebben.

De bijbel: *in den beginne* is niet *het begin*

In den beginne schiep God de hemel en de aarde.[37]

De bijbel begint met: 'In den beginne…' Dat zijn de eerste woorden van Genesis, het eerste bijbelboek. Daarna komen Exodus, Leviticus enzovoort. Maar dat is gezichtsbedrog: als de bijbelboeken in chronologische volgorde gezet zouden worden, zou Genesis ergens achteraan staan. De tekst verraadt zichzelf: er staan Babylonische leenwoorden in en die kunnen de bijbelschrijvers niet eerder hebben vernomen dan in de zesde eeuw voor onze jaartelling, in de periode van de zogenaamde Babylonische Ballingschap.

Het was al veel eerder begonnen. Historisch gesproken zou de bijbel moeten beginnen met de uittocht uit Egypte en de daaropvolgende reis door de woestijn. Die vond plaats in de dertiende eeuw voor onze jaartelling, nadat God zich vanuit een brandende braamstruik aan Mozes had 'voorgesteld' als: 'Ga maar, dan ga ik met je mee.' In dat verhaal[38] liggen de oerintuïties waarop al het latere spreken over God gebaseerd is, of zou moeten zijn.

Hieronder zal ik uiteenzetten dat God *in het begin* niet bestond, maar pas *in den beginne* is begonnen met 'bestaan'.

37 Genesis 1:1, NBG.

38 Het staat in Exodus 3.

Het begin – de dertiende eeuw voor Christus

Mozes zei: 'Maar wie ben ik dat ik naar de farao zou gaan en de Israëlieten uit Egypte zou leiden?' God antwoordde: 'Ga maar, dan ga ik met jullie mee.'[39]

In het boek Exodus is van een bestaande God geen sprake. In het begin wisten ze het dus al: God bestaat niet. Atheïsten bestonden nog niet; er was niks tegen te spreken. Als er al sprake was van atheïsme, dan was het bij de bijbelschrijvers zelf. Het hele Oude Testament is te lezen als een voortdurende strijd tegen 'afgoderij', ofwel het benadrukken van wat God niet is: niet als al die andere goden.

Als het woord 'God' valt, gebeurt dat in de context van bevrijding. De tien geboden beginnen daarmee: 'Ik ben de Here uw God die u uit het land Egypte, uit het diensthuis geleid heb.' Zo is dat later opgeschreven.

Maar het geloof in JHWH, de God van Israël[40], heeft een religieuze voorgeschiedenis. De Hebreeën (de latere Israëlieten) werden onderdrukt en uitgebuit door godsdienstige Egyptenaren. Zo moest het in elk geval niet. Het alternatief voor onderdrukking is bevrijding: zo moet het wel. Mozes wordt naar de farao gestuurd: hij, en niet God, moet zijn volk bevrijden. Als atheïst kan ik dat niet genoeg benadrukken: God is niet een 'bevrijder', het verhaal zegt niet méér dan dat de naam van God verbonden is met 'bevrijding' die door mensen gestalte moet krijgen. Zo was het toen, zo is het altijd gebleven en zo is het vandaag nog: voor bevrijding moet je bij mensen zijn. Wat oorspronkelijk onder God werd verstaan, heeft te maken met wat er in het leven van mensen gebeurt.

39 Exodus 3:11-12; eigen vertaling, hierna: EV.

40 Hierna gebruik ik de aanduidingen 'JHWH' en 'de God van Israël' willekeurig.

Ehjeh asjer ehjeh: 'Ga maar, dan ga ik met jullie mee'

God doet hoegenaamd niets anders dan 'zijn naam waarmaken': 'Ga maar, dan ga ik met jullie mee.' Die naam moet dan wel tussen aanhalingstekens, want wat niet bestaat, kan geen naam hebben. Die notie zat al in de 'kennismaking': 'Als ik nu bij de Israëlieten kom, zei Mozes, en zij vragen: "Hoe is zijn naam?", wat moet ik dan antwoorden? Toen sprak God: "Ehjeh asjer ehjeh," dat moet je tegen de Israëlieten zeggen: "Ehjeh asjer ehjeh," díe stuurt mij naar jullie toe.'[41]

Op het oog is het heel simpel: Mozes stelt de vraag: 'Hoe is uw naam?' en God geeft het antwoord: 'Ehjeh asjer ehjeh.' Maar zo eenvoudig is het niet, want die vraag werd nooit zo gesteld en dat antwoord is nooit zo gegeven; het gesprek heeft nooit plaatsgevonden. Het verhaal kwam tot stand nadat er met die vreemde naam al zevenhonderd jaar ervaring was opgedaan. 'Ehjeh asjer ehjeh', méér konden de schrijvers er na al die eeuwen niet van maken.

Het is onvertaalbaar gebleken. De Nederlandse vertalingen variëren van 'Ik ben die ik ben' tot 'Ik zal er zijn zoals ik er zijn zal'. Maar daar hoef je geen God voor te zijn, dat geldt voor mijn buurman ook. Mijn voorkeur gaat uit naar 'Ga maar, dan ga ik met jullie mee'.[42] Daarmee wil in elk geval duidelijk zijn dat God alleen maar daar zal zijn waar mensen zijn die in beweging komen.

Maar het blijft behelpen met die naam, want er komt nog een complicatie bij: het Hebreeuws kent geen tegenwoordige tijd. 'Ik loop' kan niet, 'ik lopende' wel. Ongeveer zoals in het Engels: 'I

41 Exodus 3:13-14, EV.

42 Voor de fijnproevers: het werkwoord *halakh* komt in de Hebreeuwse grondtekst niet voor. Mijn keuze voor 'gaan' wil uitdrukken dat het hier niet gaat om een goddelijk wezen dat zijn mysterieuze identiteit openbaart, maar om de neerslag van de eeuwenlang beproefde en bevestigde menselijke ervaring dat er pas sprake van God kan zijn als mensen op weg gaan.

am walking', mijn wandeling is nog niet af, ik ben er nog mee bezig. Daarom voldoet 'Ik ben die ik ben' ook niet, want dan is die beweging eruit. En alleen om die reden al kan God eigenlijk geen naam hebben: hij is nog niet af. En wat nog niet voltooid is, kan uiteraard ook niet bestaan, het is immers nog aan het ontstaan. En of het er ook daadwerkelijk van komt zal nog moeten blijken: 'Ga maar, en dán...' En als je niet gaat, dan dus niet.[43]

Het 'Ga maar, dan ga ik met jullie mee' is niet een logische conclusie die ooit uit die naam getrokken is, maar een ervaring die met behulp van die naam is aangeduid. Waarom en hoe zijn de Hebreeën destijds uit Egypte vertrokken? Na het vernemen van een goddelijke openbaring? Aan de hand van God? Dat zal toch niet. Nee, ze zijn er op een gegeven moment gewoon vandoor gegaan, weg uit de slavernij, de woestijn in, op hoop van leven. Achteraf is dat geduid als een uittocht waarbij het volk geleid werd door een kracht die ze 'God' zijn gaan noemen, dat het hun zonder die God niet gelukt zou zijn enzovoort. Dan wordt dus een ervaring met die naam geduid. In theologische termen: dan wordt gewone geschiedenis tot 'heilsgeschiedenis' verklaard.

Veel meer kan ook een theoloog er niet over zeggen. De naam heeft zich als het ware reeds ingedekt tegen alle godgeleerdheid van later. God is 'immuun' voor theologie: ga maar, kom maar uit je stoel of achter je bureau vandaan. En dan...

God doet dus niets anders dan zijn naam waarmaken. Niet minder en niet méér: in het bijbelboek Exodus zijn geen toespelingen te vinden op hiervoor en hierna. Van een God als schepper is geen sprake, net zomin als van een God die er na de dood van mensen nog voor hen zal zijn. Ik merk dat hier vast op[44], omdat het een ge-

43 De eerder genoemde uitvlucht dat God niet bestaat maar 'is', komt hier zichzelf tegen: wat te gebeuren staat, 'is' er (nog) niet.

44 In hoofdstuk 3 ga ik er bij 'God en dood' uitgebreid op in.

luid is dat je in een kerk niet zo gauw zult horen: dat je in God kunt geloven zonder dat je verwacht dat God iets van doen heeft met het ontstaan van wereld en mensen, en zonder dat je verwacht dat God er na je dood ook is. En dat het zelfs zo begonnen is, dat daar de bron van de zogenaamde 'joods-christelijke traditie' ligt. Of zou moeten liggen. Alle hiernamaals- en scheppingstheorieën zijn van later. Wat oorspronkelijk onder God werd verstaan, werd niet in verband gebracht met oorsprong en bestemming van een mensenleven, maar met dat leven zelf, van geboorte tot dood.

'*In den beginne*' – de zesde eeuw voor Christus

Ongeveer 700 jaar later, in de periode van de 'Babylonische Ballingschap', is God begonnen met 'bestaan'.

Babel was in die tijd een metropool met wel duizend tempels. De Israëlieten, die inmiddels toch wel wat gewend waren als het om vreemde of vijandelijke goden ging, moeten niet hebben geweten wat ze zagen en hoorden. Op elke straathoek lag de goddelijke verleiding op de loer.

De toenmalige bijbel was in concept al grotendeels klaar. Er stond niets in over schepping, maar door de confrontatie met de ontstaans- en scheppingsverhalen van de Babyloniërs veranderde dat. En drastisch.

Als-dan: áls er een God..., dan is het de onze!

Op een goede dag – ik stel me voor dat het zo gegaan is – klopten enkele Israëlieten in opgewonden staat op de deur van het huis waarin de bijbelredactie in vergadering bijeen was: 'Hebben jullie het gehoord?' 'Wat?' 'Die heidenen hier beweren dat wij er niet zomaar zijn, maar dat er een God is die alles heeft gemaakt!' Het werd een korte vergadering: als dat waar is, áls er een God aan het begin heeft gestaan, dán was het de onze, notuleer maar, schrijf maar op. En zo ontstond Genesis 1: 'In den beginne schiep

God...' Niet dus als een beschrijving van hoe het ooit begon, maar als een reactie, of beter als een belijdenis dat JHWH machtiger was dan alle andere goden. De onze is uiteraard groter en sterker dan die van jullie, dus kon hij... dus heeft hij... Zo is de God van Israël als het ware binnengeslopen, of binnengehaald, in een gebied waar hij oorspronkelijk niet thuishoorde.

'Schrijf maar op.' Ja, maar *als-dan* is wel heel erg kort, het moest wel een verhaal worden. Daartoe – de overeenkomsten zijn onmiskenbaar – is rijkelijk geput uit beschikbare bronnen. Die waren er genoeg: in de omliggende culturen werden vragen naar het ontstaan van mens en wereld als vanzelfsprekend beantwoord met mythologische verhalen. In het geleende materiaal wemelde het van de goden, en de schrijvers ontkwamen er niet aan om God in hun verhaal te laten 'bestaan'.

En zo werd Genesis gecomponeerd: als een variant op een bestaand genre van scheppingsverhalen, geschreven in de taal van toen, de taal van de mythe. De geloofsbelijdenis *als-dan* en de overtuiging 'dat de onze groter en sterker is dan die van jullie' werden samen verpakt in een mythologisch verhaal. Er moest alleen nog een strikje omheen. (Dat kwam later pas, er was toen nog geen kerk.)

Wie daarin een verklaring ziet van hoe het begonnen is, doet de schrijvers geen recht. Zij wisten net zo goed als wij dat niemand weet hoe het begonnen is. In het oorspronkelijke *als-dan* zit geen enkele pretentie als zou de God van Israël daadwerkelijk de schepper van hemel en aarde zijn geweest. Wie dat er wel in leest, legt het er zelf in. Natuurlijk zou er een ander verhaal zijn ontstaan als de schrijvers van Darwin en de big bang hadden gehoord. Maar als tegenstanders van de evolutietheorie of *intelligent design* argumenten ontlenen aan Genesis, dan is dat net zo waardevol of waardeloos als wanneer ze bij Klein Duimpje te rade zouden gaan.

Na den beginne

Aan duimen, heel grote zelfs, heeft het in de latere interpretatiegeschiedenis van Genesis niet ontbroken. De grootste duim komt op naam van de kerk, toen zij in de zestiende eeuw de balans opmaakte: 'Wij geloven dat de Vader, door zijn Woord, dat is door Zijn Zoon, de hemel, de aarde en alle schepselen uit het niet heeft geschapen toen het Hem goeddacht en dat hij aan elk schepsel zijn wezen, vorm en gestalte heeft gegeven en aan ieder zijn eigen functie om zijn Schepper te dienen.'[45]

Het oorspronkelijke *als-dan* was in feite niet méér dan een argument uit het ongerijmde, een veronderstelling. Voorzichtiger kon het bijna niet worden geformuleerd. Alsof ze het in Babel al voorvoelden: over 'waarheid' komt altijd gedonder. Hoe profetisch, want dat is precies wat er later gebeurde. De geloofsbelijdenis werd een geloofswaarheid: God heeft daadwerkelijk hemel en aarde geschapen. De mythe werd tot waarheid verklaard en in dogmatisch beton gegoten. De schrijvers zouden zich de haren uit het hoofd hebben getrokken.

Mythe is nooit wat het was, maar toch altijd is.[46]

Mythologische taal is weerloos. In Genesis 1 staat wel heel stoer: 'God schiep de mens naar zijn beeld,' maar het is andersom: mensen van alle tijden scheppen zich goden naar hun eigen beeld. Dat wisten de schrijvers zelf ook wel, hun verhaal wil mythologisch gelezen worden: niet als een verhaal over wat er vroeger ooit ergens gebeurde, maar over wat er nu en altijd met mensen gebeurt. Dan wordt er met 'schepping' niet méér beweerd dan dat ons bestaan niet vanzelfsprekend is, en in elk geval niet het gevolg van

45 Uit artikel 12 van de *Nederlandse Geloofsbelijdenis*, opgesteld in 1571.
46 Joseph Campbell, Amerikaanse hoogleraar mythologie (1904-1987).

menselijk handelen. Wie wel eens over zijn eigen oorsprong heeft nagedacht, zal ook wel tot de conclusie zijn gekomen dat hij daar niet zelf de hand in heeft gehad. Maar voor de ervaring dat je een schepsel bent, is een schepper niet nodig (zoals een dankbaar mens niet méér of minder dankbaar wordt als hij God dankt).

Natuurlijk willen mythen ook verklaren, antwoorden geven op de vragen die een mens zich stelt als hij in verwondering om zich heen kijkt. Ze leggen de verklaring voor wat in het nu wordt gezien in een ver verleden. Zoals sprookjes dat doen: 'er was eens…' Zo geeft bijvoorbeeld het verhaal van Kaïn en Abel[47] een mythologisch antwoord op de vraag hoe het mogelijk is dat goedbedoelende mensen elkaar de hersens inslaan.

En ongetwijfeld hebben mensen van toen zich in het nu van toen verwonderd over de seksuele aantrekkingskracht tussen mannen en vrouwen, hebben ze gezien en gevoeld hoe ze als magneten naar elkaar toe werden getrokken en hebben ze een mogelijke verklaring daarvoor gezocht in de veronderstelling dat man en vrouw ooit één zijn geweest. Het zou kunnen. Het is in elk geval een aannemelijke verklaring voor de wonderbaarlijke geboorte van de vrouw uit de rib van de man. Als het andersom was gebeurd, zou daarmee al vroeg een solide bijbelse basis zijn gelegd voor latere verhalen over maagdelijke geboorten. Maar de tijdgeest stond dat niet toe, mannen maakten toen de dienst uit. En het heeft hun kennelijk dwarsgezeten dat alleen vrouwen kinderen kunnen baren. Vandaar. In een andere tijd en een andere cultuur zouden de vragen anders worden gesteld: wat was er eerst, de kip of het ei? In die vraagstelling komt de haan niet eens voor.

Met *als-dan* werd niet méér uitgesproken dan een motie van vertrouwen in de eigen God. De neiging om dat op te vatten als een motie van afkeuring in de richting van andere goden, zal

47 Het staat in Genesis 4.

mensen toen ook niet vreemd zijn geweest. De hele godsdienstgeschiedenis tot vandaag toe illustreert rijkelijk dat de opvatting dat 'onze God beter is dan die van anderen' meestal niet tot vreedzame overeenstemming leidt. Het christendom met zijn kruistochten is daar een duister voorbeeld van.

En dat is ook wat er in Babel gebeurde. Het volk Israël was daar niet op vakantie, maar in ballingschap. De contacten met de plaatselijke bevolking zullen niet altijd vriendschappelijk zijn geweest. JHWH en zijn buren werden concurrenten en gingen op de vuist. Niet letterlijk: goden die niet bestaan hebben geen vuisten. De strijd tussen goden wordt niet op het veld of in de arena geleverd, maar op de tribune. De spreekkoren van de supporters laten zich raden: de onze is beter, sterker, machtiger dan die van jullie, '*we are the champions*'. Een strijd tussen menselijke godsbeelden dus, zoals elke geloofsdiscussie er een is.

Natuurlijk waren de bijbelschrijvers geen heiligen, zij waren zelf ook supporters en niet vrij van chauvinisme. Het *als-dan* bleef daarom niet beperkt tot de schepping, maar uitgebreid tot: alles wat die god van jullie kan, kan de onze minstens zo goed en zo mogelijk beter. De tekst van Genesis zit dan ook vol hatelijkheden. Bijvoorbeeld: in veel culturen was de zon (de hoogste) god. Daar hadden de Israëlieten, sinds ze te lijden hadden gehad onder 'zonnekoning'-farao, niet zulke goede herinneringen aan. Fijntjes werd een oude rekening vereffend: 'God maakte de twee grote lichten, het grootste om over de dag te heersen, het kleinere om over de nacht te heersen, en ook de sterren. Hij plaatste ze aan het hemelgewelf om licht te geven op de aarde (...) De vierde dag.'[48] De machtige zon wordt door de nog machtigere JHWH aan de hemel geplakt, op de vierde scheppingsdag nog wel. Daar klopt natuurlijk niks van, op de eerste dag

48 Genesis 1:16-18, Nieuwe Bijbelvertaling, hierna: NBV.

was het al zonnig.[49] Hatelijkheden zijn meestal – en ook hier – niet op feiten gebaseerd, maar onder het motto 'de onze is groter en sterker dan die van jullie' luistert dat niet zo nauw.

Vanuit het eigen kamp werd de strijd uiteraard beschouwd als een strijd tussen 'onze god' en 'jullie afgoden'. Het Oude Testament werd met terugwerkende kracht vanuit die visie bijgesteld: de geschiedenis van het volk Israël is beschreven als een permanente strijd tegen afgoderij. Overdrijving werd daarbij niet geschuwd: de in het boek Jozua zo beeldend beschreven slachtpartijen die onderdeel waren van de intocht in het beloofde land, zijn afkomstig uit duimen.

'Als jullie God dat kan, dan kan de onze dat ook.' Om die uitspraak hard te maken, moesten er kwaliteiten en prestaties vergeleken worden. Daarbij werden aan de God van Israël onvermijdelijk eigenschappen toegedicht die bij andere goden hoorden, anders viel er niets te vergelijken. De buren stelden zich de goden voor als supermensen, als personen dus. Meteorologie bestond nog niet. In hun poging om onverklaarbare natuurverschijnselen te begrijpen vroegen zij zich niet af waardoor ze veroorzaakt werden, maar door wie. En als de buren dachten dat er een goddelijke stem klonk uit een onweersbui of een storm, dan werd die stem voortaan dus ook, of uitsluitend, en liefst krachtiger, aan JHWH toegeschreven.

De God van Israël kreeg ook steeds meer menselijke trekjes, zie het Oude Testament: God kon boos en jaloers worden, onderhandelen, van gedachten veranderen, berouw tonen. Geleidelijk aan veranderde 'ehjeh asjer ehjeh' in een persoonachtig wezen, dat in menselijke termen (herder, koning, legeraanvoerder) werd beschreven: God 'bestond'.

Het tot nu toe beschreven proces is in wezen niet méér dan een

49 'En God zeide: Er zij licht, en er was licht (...) de eerste dag' (Genesis 1:3-4, NBG).

ordinaire strijd tussen goden(aanhangers) van het soort waar de hele mensengeschiedenis bol van staat: de eigen God wordt – door de eigen supporters althans – als overwinnaar beschouwd en als opperhoofd aan de top van de goddelijke hiërarchie geplaatst.

In het geval van JHWH was er aanvankelijk sprake van een betrekkelijk milde vorm van concurrentie. Andere goden werden niet ontkend, maar als inferieur beschouwd. Zie de tien geboden: 'Gij zult geen andere goden voor Mijn aangezicht hebben.'[50] Maar dat staat er alleen maar omdat het wél gebeurde, de concurrentie zat kennelijk niet stil. Met als gevolg dat het gezag van de marktleider telkens moest worden bevestigd, dat JHWH steeds moest worden 'opgepoetst'. De reactie van zijn supporters is overigens niet beperkt gebleven tot poetsen: het volk Israël heeft in de loop der eeuwen niet onverdienstelijk van zich afgeslagen.

Monotheïsme

De strijd leidde uiteindelijk tot het zogenaamde monotheïsme: het geloof in één God. Andere goden werden niet langer erkend als ondergeschikt aan JHWH, maar beschouwd als afgoden. Wat tot dan toe een collega-god onder de goden was geweest, werd uitgeroepen tot het enig te vereren opperwezen waarvan de naam voortaan met een hoofdletter begon. De soortnaam werd een eigennaam, en in het vervolg bestond (!) er maar één god: God.

Vanuit een ander perspectief bekeken verhief een afgod zich tot superafgod. Daar is veel voor te zeggen, want van het oorspronkelijke *als-dan* was zo goed als niets meer over: het enig overgebleven goddelijke wezen verschilde nauwelijks meer van de goden van de overwonnenen. Dat wil zeggen: voor zover die het overleefd hadden, want met het uitroepen van de dictatuur

50 Exodus 20:3 – Statenvertaling, hierna: SV.

werden ook de maatregelen ter bestrijding van gezagsondermijning minder zachtzinnig. Het godsdienstige gebruik om tegenstanders 'tot de laatste man' uit te roeien gaat terug op deze ontwikkeling. Afgoden werden niet geduld, maar moesten worden vernietigd. En, zo dacht men, zolang er nog één supporter in leven is, bestaat de afgod nog. Dat is kortweg de verklaring voor veel oudtestamentisch bloedvergieten. Later – denk maar aan de Katharen[51] – is gebleken dat ook de kerk met deze denkwijze heeft gesympathiseerd.

Een bedenkelijke ontwikkeling dus, dat monotheïsme. Nog steeds. Het ontkent dat ieder mens geneigd is om zijn eigen god te creëren en dat daar – binnen bepaalde grenzen – niets op tegen kan zijn. Het is nooit anders geweest. Neem bijvoorbeeld de joods-christelijke leus 'de God van Abraham, Isaak en Jakob'. De suggestie zal waarschijnlijk zijn dat de drie genoemden in dezelfde God hebben geloofd. In werkelijkheid staat er: 'De God van Abraham, de God van Isaak en de God van Jakob'[52], hetgeen zo veel betekent als dat het ook bijbels gesproken niet erg waarschijnlijk is dat de God van Jakob precies dezelfde was als die van zijn opa. En zou er iemand zijn die gelooft dat christenen al tweeduizend jaar hetzelfde geloven?

God zelf zal bij zijn nieuw verworven monotheïstische status ook wel bedenkingen hebben gehad. Want het had nogal wat consequenties. Was het 'ehjeh asjer ehjeh' nog geslachtsneutraal, nu moest er gekozen worden. En God werd, uiteraard, een man.

Pijnlijker moet zijn geweest dat hij moest scheiden en celibatair worden. De namen van vrouwelijke goden in het Oude Testa-

51 Ook wel Albigenzen genoemd; gnostische stroming die in de dertiende eeuw op last van de paus is uitgeroeid. (Zie voor gnostiek voetnoot 32 in hoofdstuk 2.)

52 Exodus 3:6, NBG.

ment, Asjera en Astarte, wijzen er tenminste op dat er voorheen naast JHWH ook een godin werd vereerd. Waarschijnlijk – doch niet onomstreden – onderhield JHWH met haar een relatie, of was hij gewoon getrouwd.[53]

Tegen wie zou God gezegd hebben: 'Laat ons mensen maken?'[54]

Hoe dan ook, God moest vrijgezel worden, al was het maar ten behoeve van het onderscheid met de buren. In andere landen waren copulerende godenparen toen heel normaal, en in sommige culturen werd het ontstaan van mens en wereld aan een goddelijke 'daad' toegeschreven.

Restanten van voor God betere tijden zijn nog slechts terug te vinden in mondelinge overleveringen. Een oude legende vertelt dat God verliefd werd toen een jonge mooie vrouw voor hem danste. Zij bracht hem zo in verrukking dat hij acuut de wereld schiep. (Zei er iemand iets over *intelligent design*?)

'Luister, Israël: de Heer, onze God, de Heer is de enige!'[55]: dat was (voorlopig) de triomfantelijke slotsom van een lange ontwikkeling: onze God heeft gewonnen. En zo, als Heer en Meester, is de God van Israël onze jaartelling en de kerkgeschiedenis binnengewandeld. Bij wijze van spreken dan.

53 Over JHWH en 'zijn Asjera' is meer bewijs te vinden op potscherven dan in de bijbel, waarvan de teksten later door ongetwijfeld celibataire redacteurs zijn bijgeschaafd. Hun grondigheid liet onder andere en vooral te wensen over in 2 Koningen 21:7 (NBG): 'Hij plaatste ook een beeld van Asjera, dat hij gemaakt had, in het huis, waarvan de Here gezegd had tot David en diens zoon Salomo: In dit huis, hier in Jeruzalem, dat Ik verkoren heb uit al de stammen van Israël, zal Ik mijn naam vestigen tot in eeuwigheid.'

54 Genesis 1:26, SV.

55 Deuteronomium 6:4, NBV.

Kerk en theologie: God als Almachtig Opperwezen

Wij geloven allen met het hart en belijden met den mond dat er is een enig en eenvoudig geestelijk Wezen, Hetwelk wij God noemen: eeuwig, onbegrijpelijk, onzienlijk, onveranderlijk, oneindig, almachtig; volkomen wijs, rechtvaardig, goed, en een zeer overvloedige Fontein van alle goed.[56]

We maken een grote stap naar de eerste eeuw van onze jaartelling, de tijd waarin de kerk is ontstaan.

Intussen was er nogal wat gebeurd: Babyloniërs, Perzen, Grieken, Egyptenaren en Romeinen kwamen en gingen, en lieten niet na hun godsdienstige invloed uit te oefenen op Israël en het vroege christendom. Met name de Griekse filosofie liet haar sporen na in de vorm van het idee dat God een 'bovennatuurlijk wezen' zou zijn.

Toen de kerk ontstond was de God van de bijbel al min of meer een filosofisch begrip geworden. Woorden uit bijbelverhalen werden uit hun verband gehaald en omgevormd tot eigenschappen die een eigen leven gingen leiden. Termen als 'onveranderlijk' en 'oneindig' komen in de bijbel niet voor, van een 'wezen' is geen sprake, laat staan dat het 'enig en eenvoudig' zou zijn. God werd steeds abstracter en on-bijbelser.

De bijbelschrijvers spraken juist niet in abstracte termen, maar in menselijke beelden: God is als een vader, als een herder, als een koning.

Met de komst van de theologie verdween het woordje 'als'. Beel-

56 Artikel 1 van de *Nederlandse Geloofsbelijdenis.*

den werden waarheden, wat mythologische taal was geweest werd uitgeroepen tot feitelijke werkelijkheid. Het woord 'God', oorspronkelijk een ervaringswoord, was een speeltje van theologen geworden. Alle gevoel dat ooit met die ervaring verbonden was geweest, werd ervan losgeknipt. De gelovigen moesten het voortaan doen met een onbegrijpelijke, onveranderlijke, steenkoude God.

De discrepantie tussen de God van de bijbel en die van de theologen werd steeds groter. In het boek Exodus staat dat God 'afdaalde'[57]: ik ben juist niet als al die andere goden die roerloos op hun hoge tronen zitten, ik ga met jullie mee. Die betrokken God, die er alleen maar bij mensen kon zijn, werd geslachtofferd aan het idee dat er naast onze menselijke natuurlijke wereld nog een andere bovennatuurlijke wereld is waar de goden verblijven. Hij moest verhuizen. De God die vroeger nog, als een van ons, met zijn voeten door het woestijnzand had gelopen, kreeg een nieuwe status als 'transcendent Opperwezen'. Hij werd 'de grote baas boven', de president-directeur van hemel en aarde. Het aardse werk werd voortaan aan de Zoon en de Heilige Geest overgelaten. Arme God. Maar het ergste moest nog komen.

God de Almachtige

Het hierboven beschreven proces van concurreren en oppoetsen ging ook na het jaar nul onverminderd voort: om zijn oppermacht te onderstrepen, werd God behangen met kwaliteiten die hem van de concurrentie moesten onderscheiden. Hij moest ten minste kunnen wat alle andere bekende goden konden. Na verloop van tijd kon hij dus eigenlijk alles. Daarmee werd in de week gelegd wat God uiteindelijk pas in onze tijd allemachtig zou opbreken: hij werd almachtig!

Het zou een vergissing met lange armen blijken te zijn, om niet

57 Exodus 3:8, NBV.

te zeggen: een kapitale fout. Het zaad voor wat vandaag secularisatie heet werd toen gezaaid, de voorraadschuren van het latere atheïsme werden toen gevuld.

Bijbels gesproken was met de almachtigverklaring van God de laatste stop wel doorgeslagen. Het woord almacht komt van het Hebreeuwse woord *sjaddaj*. Eigenlijk is dat onvertaalbaar, maar 'almachtig' zit er wel ongeveer maximaal naast. Martin Buber[58] vertaalde het met *der Gewaltige*: de geweldige, de aangrijpende, iets waar je (bij wijze van spreken) U tegen zegt. Het woord *sjaddaj* wordt wel gebruikt voor een berg: machtig indrukwekkend, daar kun je niet omheen, geweldig. Daar kom je ook uit als je probeert een naam te geven aan wat er met en tussen mensen kan gebeuren, dat er zoiets bestaat als vriendschap, als trouw: geweldig!

Oorspronkelijk moet *sjaddaj* dan ook een ervaringswoord zijn geweest. De latere kerkelijke theologie eigende het zich toe om God op te tuigen tot een wezen dat alles kan. Zo werd 'almachtig' een goddelijke eigenschap, en werd God een supermogendheid: de Almachtige.

In belijdenissen en gebedenboeken figureert het begrip 'almacht' als een van de belangrijkste eigenschappen van God. In de dogmatiek worden en zijn er planken over vol geschreven. Ze demonstreren slechts dat de almachtige amper bijbelse, maar des temeer kerkelijke papieren heeft. En ze laten zien dat het allemaal is afgekeken, en nog slecht ook. Er was juist zo'n goed voorbeeld voorhanden. De Grieken hadden meerdere goden die samen het zogenoemde pantheon vormden. Zeus was de oppergod. Hij kon wel veel, maar niet alles wat de anderen konden. De macht was gedeeld, iedere god had een eigen specialisme en begrensde macht. En de fout die de kerk later zou maken, maakten de Grieken niet: in

58 Martin Buber, Joodse Oostenrijks-Israëlische godsdienstfilosoof (1878-1965).

één God werden geen onverenigbare eigenschappen verenigd.

Niet alleen bijbels gezien is almacht een onverdedigbaar begrip: het roept onbeantwoordbare vragen op. Zo is nog steeds niet duidelijk of God raadseltjes kan bedenken die hij zelf niet kan oplossen. Maar dat is speelgoed voor theologen en atheïsten.

Kwalijker, of onbarmhartiger, is dat het woord 'almacht' tot op de dag van vandaag heeft bijgedragen aan het beeld van een god die het kwaad zou kunnen verhinderen. De gelovigen zaten en zitten er maar mee: als hij het kan, waarom grijpt God dan niet in? Als God alles kan wat hij wil, waarom zijn er dan zo veel mensen ongelukkig en sterven er zo veel jonge mensen? Het was en is op voorhand onoplosbaar: als God het kwaad niet kan voorkomen, is hij niet almachtig. En als hij het wel kan maar niet doet, is hij een sadist.[59]

Almacht en goedheid gaan niet samen, en dat is precies waar de kerk zichzelf de das mee omdeed: die twee tegenstrijdige eigenschappen werden aan God toegekend.

Waarom God goed noemen? Ik zou het niet zo zeggen als Richard Dawkins (hij noemt God een kleingeestige, onverzoenlijke, haatdragende, bloeddorstige, drammerige, onvoorspelbaar boosaardige dwingeland[60]), maar om nou te zeggen dat de God van het Oude Testament een goeierd was, nee.

59 De Griekse wijsgeer Epicurus had er al rond 300 voor Christus voor gewaarschuwd: ofwel God wil het kwaad uit de wereld wegnemen, maar hij kan het niet; ofwel hij kan het wegnemen, maar hij wil het niet; ofwel hij wil het niet, en kan het niet.

60 Letterlijk schrijft Dawkins: 'De God van het Oude Testament is zo'n beetje het onaangenaamste personage dat de literatuur ooit heeft voortgebracht. Hij is jaloers en er nog trots op ook; hij is een kleingeestige, onrechtvaardige, onverzoenlijke regelneef; een haatdragende, bloeddorstige pleger van etnische zuiveringen; een vrouwenhatende, homofobe, racistische, kinderen en volkeren uitmoordende, drammerige, megalomane, sadomasochistische, onvoorspelbaar boosaardige dwingeland.' (*God als misvatting*, Amsterdam 2006, p. 39.)

Maar de kerk kon niet meer terug, vond zij. Alleen door radicaal de band te verbreken tussen God en het kwaad had ruimte gemaakt kunnen worden voor een geloofwaardig geloof in God. Marcion[61] had al in de tweede eeuw een uitweg gewezen, door voor te stellen aan een lagere schepper-God de verantwoordelijkheid toe te kennen voor de gang van zaken op aarde, en de echte, goede, God daarbuiten te houden. Andere godsdiensten konden prima leven met de voorstelling van het kwaad als een zelfstandige macht naast God. Maar waarschijnlijk is dat alleen al om die reden door de hoofdstroom van het christendom als ketterij afgewezen. Augustinus formuleerde het in de vierde eeuw nog eens krachtig: 'Het kwaad gebeurt wel tegen Gods wil in, maar niet buiten Gods wil om.' Dat snapte hij waarschijnlijk alleen zelf.

Ook door latere aardbevingen, epidemieën en vulkaanuitbarstingen (God had immers niet voor niets gezegd: 'En zie het was goed'[62]) liet de kerk zich niet uit het veld slaan. Integendeel, de *Nederlandse Geloofsbelijdenis* laat over de almacht en goedheid van God geen enkel misverstand bestaan: 'Almachtig, volkomen wijs, rechtvaardig, goed, en een zeer overvloedige Fontein van alle goed.' Arme God. Uitgerekend door zijn goedheid kwam hij in een kwaad daglicht te staan.

De atheïsten lachten al in hun vuistje. Binnenshuis weliswaar, want buiten was dat niet raadzaam in verband met brandstapels en ander gereedschap dat voorhanden was om de kerkelijke rechtzinnigheid kracht bij te zetten. Maar ze hadden gelijk, en ze zouden het krijgen ook: het probleem van het kwaad is een menselijk probleem voor gelovigen en ongelovigen, en voor zover mensen daar zelf iets aan kunnen doen, moet God niet val-

61 Marcion van Sinope (ca. 100-160).

62 'En God zag alles wat hij gemaakt had, en zie, het was zeer goed' (Genesis 1:31, NBG).

selijk worden beschuldigd. En voor zover ze er niets aan kunnen doen ook niet. Waarom liet God toe dat dit kind werd overreden? Het antwoord is atheïsme: die God bestaat niet. Gelukkig maar.

Maar zo ver was het toen nog niet. De kerk was, mede door de eenheid van kerk en staat, een machtig instituut. Met de hemel in de ene en de hel in de andere hand kwam zij betrekkelijk moeiteloos de middeleeuwen door.

We zijn inmiddels ruim vierhonderd jaar verder. In de tijd althans, want almachtig gesproken is er officieel niets veranderd: de middeleeuwse belijdenisgeschriften maken onverkort deel uit van de geloofsleer van de PKN. Anders gezegd: als je aan die kerk een eenentwintigste-eeuwse vraag stelt, krijg je een zestiendeeeuws antwoord.

Het zal dan ook niet zomaar worden toegegeven, maar het woord 'almacht' is een kerkelijke vergissing, waarmee gelovigen eeuwenlang voor de gek zijn gehouden. Of, iets duidelijker nog: het is je reinste heidendom, weg ermee. Eraan sleutelen heeft geen zin. Het is geprobeerd met 'beperkte macht', 'weerloze overmacht' of 'zwakke krachten die uiteindelijk zullen overwinnen'. Aan atheïstische zijde riep dat slechts hoon op (tandeloze tijger). En terecht, het waren uiteindelijk niet meer dan onmachtige menselijke smoesjes om onder Gods macht over het kwaad uit te komen. En voor zover het pogingen waren om de kerkelijke leegloop af te remmen, is het effect alleen maar omgekeerd geweest: ook de gelovigen werden er niet door overtuigd. Voor velen van hen betekende het afscheid van almacht ook het afscheid van God en kerk. De massale uittocht uit de kerk, die na de Tweede Wereldoorlog begon, is nog steeds volop gaande. Ik juich die ontwikkeling toe, niet alleen als atheïst, maar ook als predikant: liever geen kerk dan een kerk waarin tegen beter weten in wordt volgehouden wat onmogelijk is.

Maar wat blijft er van God over als hij niet almachtig meer is? Voor mij betekent afscheid van almacht geen afscheid van God. Integendeel, ik ben blij dat ik in een niet-almachtige God kan geloven. Daarom stel ik de vraag anders: als God niet almachtig is, valt er dan nog iets te geloven?

Maar dan loop ik al vooruit op het volgende hoofdstuk.

Wetenschap

Wat is het verschil tussen een geleerde, die de kleinste en meest onvermoede levensverschijnselen onder de microscoop waarneemt, en de oude landbouwer, die nauwelijks kan lezen en schrijven, wanneer hij in het voorjaar nadenkend in zijn tuin zit en de bloesems bekijkt, die uit de twijgen van de boom ontspruiten? Beiden staan voor het raadsel van het leven, en de een kan het uitvoeriger beschrijven dan de ander, maar voor beiden is het even ondoorgrondelijk.[63]

Hiervoor ging het over wat de kerk tot en met de middeleeuwen met God en geloof heeft gedaan. Tot aan de opkomst van de wetenschap werd zij daarbij niet in de weg gelopen door serieus genomen tegenstemmen.

Voordat ik hierna de 'zegeningen' van de wetenschap belicht, schets ik in vogelvlucht hoe de wetenschap in de afgelopen eeuwen is opgekomen. Vervolgens zal ik – al was het maar omdat veel wetenschappers atheïst zijn – niet nalaten om op de beperkingen te wijzen.

Kerk en wetenschap zijn, voorzichtig uitgedrukt, nooit vrienden geweest. Dat zegt meer over theologen en wetenschappers dan over God en geloven. Ik zal eindigen met de conclusie dat gelovigen en wetenschappers, mits ze zich allebei aan huisregels houden, geen concurrenten hoeven te zijn. Ze kunnen zelfs bondgenoten zijn in de strijd tegen bijgeloof. Omdat één vorm van bijgeloof – de ge-

63 Uit een preek van Albert Schweitzer, 1919.

dachte dat het ontstaan van de kosmos en God ook maar iets met elkaar van doen hebben – zowel onder gelovigen als onder atheïsten hardnekkig en wijdverspreid is, zal ik nog een aparte paragraaf wijden aan de evolutietheorie, en aan *intelligent design*.

Opkomst: vier eeuwen in vogelvlucht

> *Je bent hier omdat je iets weet; wát je weet kun je niet verklaren, maar je voelt het. (...) Begrijp je wat ik bedoel?'*[64]

Tot en met de middeleeuwen was God bij gebrek aan alternatief en bij monde van de kerk de verklaring voor alles wat niet werd begrepen. Van spanning tussen geloven en weten was geen sprake, en voor zover die dreigde, had het kerkelijk leergezag altijd het laatste woord. De rede was ondergeschikt aan het geloof.

Na de zestiende eeuw, de tijd van de reformatie en de contrareformatie, begon dat te veranderen. Galilei durfde bij leven te beweren dat de aarde om de zon draait en niet andersom. Dat was een probleem, omdat er dan een foutje in de bijbel zou staan. Jozua had immers op gezag van de Almachtige gezegd: 'Zon, sta stil.'[65] De kerk reageerde op de tot dan toe gebruikelijke manier: herroepen of branden. Galilei koos wijselijk voor de eerste optie. In zijn tijd was het nog te vroeg om ongestraft vrijuit te spreken.

Wát hij verkondigde was niet helemaal nieuw, maar een bevestiging van wat Copernicus enkele jaren eerder (overigens pas op zijn sterfbed) had gezegd. En ook dat was niet nieuw: Aristarchus van Samos, een Griekse astronoom, had in de derde eeuw voor Christus al beweerd dat de aarde om de zon draait. Nieuw was dát Galilei het zei, en dat hij het hardop deed. Het moet gewoon alge-

64 Morpheus tegen Neo in de film *The Matrix* (1999).
65 Jozua 10:12, SV.

meen bekend zijn geweest, althans bij de geletterde kerkelijke bovenlaag. Ik durf er wel een weddenschap op af te sluiten dat de bevindingen van Aristarchus achter de kluisdeuren van het Vaticaan al eeuwenlang bekend waren toen Galilei zijn stem verhief.

Het schriftgezag stond toen nog als een huis, de bijbel was 'van kaft tot kaft' woord van God. Maar het schild begon al te wijken. De wetenschap knaagde met eigen verklaringen aan de waarheidspretenties van de kerk. Aangemoedigd door Descartes, Spinoza en later Kant begonnen mensen zelf hardop te denken. De druk nam toe: met de geboorte van Isaac Newton lag ook de moderne fysica al in de luiers.

Na de zeventiende eeuw begon de dominantie van de godsdienst geleidelijk af te nemen. De mens kwam centraler te staan. Descartes had het al aangevoeld: 'Ik denk, dus ik ben,' ik kan denken en ik denk dat wat we tot dusver van God meenden te weten mensenwerk is. Het tijdperk van de verlichting kondigde zich al aan.

De wereld veranderde in hoog tempo: mensen werden vrije en mondige individuen, de moderne wetenschap kwam met antwoorden op vragen die voorheen alleen met behulp van Gods almacht werden beantwoord. De druk op de kerk kwam niet alleen van buitenaf door de natuurwetenschappen, maar evenzeer van binnenuit door de ontwikkeling van de bijbelwetenschappen, die zich geleidelijk ontworstelden aan de kerkelijke censuur. Tekst- en overleveringskritiek toonden de onhoudbaarheid aan van allerlei klassieke godsdienstige voorstellingen.

In de negentiende eeuw ontstond een liberale theologie die openstond voor nieuwe, wetenschappelijke inzichten. Openbaring werd niet langer geaccepteerd als de enige bron van redelijke kennis. De kerk probeerde mee te buigen door het opkomende individualisme te vertalen als zou het geloof een zaak van het menselijke gemoed zijn, waardoor het niet meer zo nauw luisterde wat er precies in de bijbel stond en hoe betrouwbaar dat was. Maar de speelruimte was beperkt, want het ging uiteindelijk natuurlijk niet om wat zich in het gemoedsleven van de gelovige afspeelt, maar om wat God van ons vraagt. Niks dus, maar dat zal de kerk nimmer toegeven.

Naar de mate waarin zijn almacht werd aangetast, kreeg ook God het steeds zwaarder te verduren. Nog voor het einde van de negentiende eeuw had Nietzsche hem al dood verklaard.

Maar zo ver was het nog niet, hoewel God enigszins gerafeld de grens naar de twintigste eeuw overstak. Twee wereldoorlogen later begonnen mensen geleidelijk, en uiteindelijk massaal, de kerk uit te stromen. Ter vergelijking: aan het begin van de vorige eeuw was onkerkelijkheid uitzondering. Vijftig jaar later rekende nog tachtig procent van de Nederlandse bevolking zich tot een kerkgenootschap. Nu, nog eens vijftig jaar later, is dat nog ongeveer twintig procent.

Dan zijn we weer terug bij vandaag: het einde van God, geloof en kerk lijkt nabij. In hoofdstuk 4 zal ik hoopvol betogen dat het zo ver niet hoeft te komen.

Maar eerst de balans opmaken van wat ik de zegeningen van de wetenschap noem.

Zegeningen

Zeg niet dat de vroegere tijden beter zijn geweest dan deze,
want niet uit wijsheid zoudt gij aldus spreken.[66]

Zowel atheïsten als gelovigen mogen de wetenschap dankbaar zijn. Hoewel, voor atheïsten is dat nog niet gezegd. Zij zullen zich ongetwijfeld gesterkt voelen doordat veel van wat vroeger aan God werd toegeschreven door de wetenschap is verklaard en ach-

66 Prediker 7:10, EV.

terhaald. En zij wachten wellicht met spanning het moment af waarop ook de oerknal en de evolutietheorie onweerlegbare wetenschappelijke waarheden zijn geworden. Ik wil hun vreugde niet bederven, maar herinner er wel aan dat hoe minder God er overblijft, hoe zwakker hun positie wordt. Een atheïst ontkent immers alleen maar wat anderen over God beweren. Als ik alleen maar atheïst was, zou ik de toekomst met zorg tegemoetzien.

Het zijn met name de gelovigen die zich mogen verheugen. Dat zij niet langer bang hoeven te zijn voor duivels, boze geesten, hel en verdoemenis, is aan de wetenschap te danken. Veel gelovigen zijn van oude ballast verlost. Hun geloof is niet ondermijnd, maar 'schoongebrand'[67]. Het is ontdaan van 'wat je niet weet, dat moet je dan maar geloven'. Dankzij de wetenschap is er veel wat we nu wéten en dus niet meer op gezag hoeven aan te nemen. Dat is wel een 'afgeslankte vorm van geloven' genoemd. Heel gezond.

Maar gemakkelijker is het daar niet door geworden. Want we weten nu weliswaar dat het niet zit zoals we vroeger dachten dat het zat, maar daarmee weten we nog niet hoe het wél zit. Tot troost van de gelovige: het is heel bijbels om te weten dat het niet zit zoals je vroeger dacht dat het zat. Lees het verhaal van Elia[68] maar: een gelovige weet nooit hoe het zit.

Als ik voor mezelf mag spreken: dankzij de wetenschap heb ik veel dingen een plaats kunnen geven. Als ik in de zestiende eeuw had geleefd, zou ik waarschijnlijk nog hebben geloofd dat de aarde een platte schijf is waarop het regent als God boven de sluizen openzet. En zou ik niet hebben geweten dat een maagdelijke geboorte geen biologisch wonder is, maar een minimumvereiste voor een godsdienststichter. En dat Jezus in dat opzicht in Osiris

67 Het woord is geleend van Han Adriaanse, emeritus hoogleraar theologie.
68 Ik bedoel het verhaal in 1 Koningen 19: 'God was niet te vinden in de aardbeving, niet in het vuur…'

een voorganger heeft gehad waarvan zijn volgelingen en hun scribenten heel veel hebben afgekeken.[69]

Daarom begrijp ik ook waarom Mattheüs de 'jonge vrouw' uit Jesaja vertaald heeft door 'maagd'. Zo weet ik ook dat Noach nooit in een ark heeft gezeten, dat Jezus niet over het water kon lopen, nooit een Bergrede heeft gehouden, geen doden heeft opgewekt, maar waarom dat wel over hem verteld wordt. Allemaal aan de wetenschap te danken. Ik heb niet het gevoel dat ik daardoor iets ben kwijtgeraakt, of dat er iets is afgegaan. Integendeel: er is juist iets bij gekomen. Omdat ik niet om mijn verstand heen hoef te geloven, is geloven voor mij boeiend en inspirerend geworden, soms zelfs leuk, en gelukkig af en toe bemoedigend en troostend.

Uiteraard denken niet alle gelovigen daar zo over. In sommige orthodoxe kringen trekt men zich van de ontdekkingen van de wetenschap in het geheel niets aan. 'De' waarheid is daar al in de zestiende eeuw voor eens en voor altijd vastgelegd. De reactie blijft dan ook beperkt tot de vaststelling dat de wetenschap ernaast zit als ze iets verkondigt wat in strijd is met de leer van de kerk. Het bijbelgezag geldt hier onverkort, Gods almacht is onbetwijfeld.

De wetenschapper staat tandenknarsend terzijde en kan slechts constateren dat de gelovige zijn verstand op nul heeft gezet. De verwoording van die gevolgtrekking zou subtieler kunnen, maar feitelijk heeft hij gelijk: de gelovige kent aan zijn verstand minder gezag

69 Veel uitspraken over Jezus dateren van vóór zijn geboorte en zijn min of meer, of soms letterlijke, kopieën van wat eeuwen eerder over de Egyptische god Osiris was verteld: dat hij werd geboren uit een maagd, bezoek kreeg van wijzen uit het Oosten die een ster volgden, water in wijn veranderde, demonen uitdreef, voor dertig zilverlingen werd verraden, stierf aan een kruis, afdaalde naar de hel, op de derde dag opstond uit de dood, ten hemel voer en plaatsnam aan de rechterhand van God enzovoort.

toe dan aan een middeleeuwse geloofsleer, waardoor hij ook het onmogelijke voor mogelijk kan houden. Maar de wetenschapper die vervolgens in atheïstische overmoed vaststelt dat 'alle godsdienst onzin en alle geloof achterlijk is', trekt een wel zeer onwetenschappelijke conclusie, omdat de betreffende orthodoxie slechts een klein deel van de verzamelde gelovigen uitmaakt.

Helaas, en daar zit de pijn – mijn pijn –, is die groepering in mijn (PKN-)kerk oververtegenwoordigd. Niet getalsmatig, maar op grond van een soort gewogen stemrecht. Dat houdt zo veel in als dat er over de waarheid geen discussie mogelijk is anders dan op basis van slikken of stikken: dat Jona door een walvis is ingeslikt en drie dagen lang niet is gestikt, is een historisch feit. Een gesprek over de mogelijkheid dat er een relatie bestaat tussen toegenomen wetenschappelijke inzichten en het gegeven dat de kerk in de laatste decennia voor de helft is leeggelopen, is in deze kringen uitgesloten. Om nog maar te zwijgen over de mogelijkheid van aanpassing van de kerkleer. Harry Kuitert heeft bij herhaling de vinger op de zere plek gelegd: de kerk kan niet uit de voeten met de resultaten van de bijbelwetenschappen, want dan moet ze haar leer veranderen en dat wil ze niet.[70]

Waarom niet? Angst? Niet nodig hoor, de almacht van de wetenschap is beperkt, die pakt je heus je geloof niet af.

Beperkingen

> *Wetenschap kan alleen vaststellen wat is, maar niet wat zou moeten zijn.*[71]

70 Letterlijk schrijft Kuitert: 'Op historisch vragen geeft de kerk een dogmatisch antwoord, het antwoord in de vorm van de leer der kerk. En die leer kunnen de kerken niet veranderen, ze zouden zichzelf opheffen' (*Schiften*, Kampen 2004, p. 140).

Wetenschap is niet de verklaring van alles. Bij al die dingen waar een mens stil van wordt – verwondering, ontroering, kwetsbaarheid – heeft ook de wetenschap niet het laatste woord. Over God heeft ze niets te zeggen. Een wetenschapper mag zelfs niet zeggen dat God niet bestaat. Ik mag dat wel doen, want ik pretendeer niet daarmee een wetenschappelijk bewijs te leveren. Toch zet ik daarmee de deur open, want wat ik over God zeg, kan wetenschappelijk worden onderzocht. Maar als ik zeg dat ik in God gelóóf, doe ik de deur weer dicht.

Betekent dat dat wetenschap ook niets kan zeggen over geloven? In mijn geval weinig, omdat ik niet iets geloof wat mijn verstand ontkent. Daarmee bedoel ik niet dat ik niets geloof waar mijn verstand niet bij kan. Dat doe ik wel. Maar daar kan ook de wetenschap niet bij.

In andere gevallen, bijvoorbeeld als een gelovige beweert dat de Israëlieten in de woestijn een gouden kalf hebben vervaardigd, heeft de wetenschapper recht van spreken. Hij zal opmerken dat nomaden in het bronzen tijdperk onmogelijk over de daarvoor benodigde techniek hebben kunnen beschikken. Maar dan is hij alleen maar aan het woord omdat de gelovige zich op zijn terrein heeft gewaagd.

Andersom is het verkeer lastiger, want geloven is maar voor een deel rationeel. Als ik zeg dat ik me voel als Petrus die over het water liep, dan kan de wetenschapper mij uitleggen dat en waarom niemand ooit over water heeft kunnen lopen. Gelijk heeft hij, en krijgt hij. Maar mijn gevoel blijft. Dan gaat het over ervaring, ergens door geraakt worden, en daar heeft geloven alles mee te maken, en wetenschap weinig tot niets. Een ervaring ontstaat niet als gevolg van een verstandelijke redenering; ik kan die niet beargumenteren, en de wetenschap kan die niet weerleggen.

71 Albert Einstein.

Soms hoor ik mensen zeggen: 'Dat weet ik niet, ik geloof het.' Daar mag best – tot op zekere hoogte – op doorgevraagd worden: is geloven voor jou dan 'aannemen'? Maar – en atheïsten hebben soms die neiging – het mag niet worden omgedraaid in de zin van 'wat je niet weet, kun je ook niet geloven'. Dan wordt de ratio weer alleenheerser: wat buiten het bevattingsvermogen van de hersenen valt, is irrelevant. En de spreker begeeft zich op glad ijs, want de ratio tot norm uitroepen is tamelijk willekeurig. Mensen doen namelijk niet alleen dingen omdat ze verstandig zijn, maar ook omdat ze leuk zijn, of lekker. De effectenbeurs is een aardig voorbeeld van hoe irrationeel het er ook onder rationalisten kan toegaan.

Geloven en wetenschap bijten elkaar niet

In het huis van mijn Vader zijn veel kamers.[72]

Een gelovige en een wetenschapper hoeven geen concurrenten van elkaar te zijn. Ik zou ze wel ieder een eigen kamer geven, maar ze kunnen best in één huis wonen. Hoe verschillend hun kijk erop ook mag zijn, als ze 's morgens de gordijnen opendoen, zien ze allebei dezelfde zon opkomen. Ze kijken naar en leven in dezelfde werkelijkheid.

Dat beeld van samen in een huis contrasteert met de opvatting van de voorstanders van een 'boedelscheiding'. Die gaat ervan uit dat de gelovige en de wetenschapper in werelden leven die elkaar niet raken. De werkelijkheid wordt dan als het ware opgesplitst: in het ene huis zit de wetenschapper te verklaren hoe het leven is ontstaan, in het andere zit de gelovige zich af te vragen waarom wij leven. Kortom: de wetenschap verklaart, het geloof geeft zin. Dan

72 Johannes 14:2, NBV.

wordt niet alleen de werkelijkheid opgesplitst, maar ook de mens: een wetenschapper wordt beschouwd als objectief rationeel, een gelovige als subjectief irrationeel, een gelovige wetenschapper als schizofreen: 'Je moet als natuurkundige wel een gespleten persoonlijkheid hebben om nog in een god te kunnen geloven.'[73]

Er is een andere en gezondere visie mogelijk. Ik volg Ronald Meester, zelf wetenschapper[74], als hij pleit voor een visie op wetenschap waarin ook plaats is voor geloof of levensbeschouwing: 'Religie en wetenschap hebben allebei tot doel om meer van de wereld om ons heen te begrijpen, maar ze benaderen de problemen op verschillende manieren. Als de zon opkomt, dan zal een wetenschapper zeggen dat dit komt doordat de aarde om haar as draait, iets wat op zijn beurt verklaard wordt met de gravitatiewetten van Newton. Voor een wetenschapper zal dit antwoord bevredigend zijn, vanuit wetenschappelijk perspectief tenminste. Vanuit een religieus perspectief spelen heel andere dingen mee. Vanuit dit perspectief heeft een mens een relatie met wat hij of zij misschien God noemt, en kan hij of zij bijvoorbeeld ook dankbaar zijn dat de zon opkomt, iets wat bij wetenschap niet aan de orde is. In de wetenschap worden dingen verklaard, vanuit religieus perspectief worden ze geduid.'[75]

Dat de zon morgen zal opgaan is een hypothese.[76]

Een wetenschapper en een gelovige zijn allebei in de eerste plaats mens. Ze stappen 's morgens in dezelfde trein, ze leven niet in aparte werelden. En allebei stellen ze waaromvragen aan dezelfde

73 Uitspraak van een Nobelprijswinnaar, geciteerd in *Waarom ik blijf*, Arie van den Beukel, Baarn 2003, p. 147.

74 Ronald Meester, hoogleraar wiskunde.

75 Ronald Meester, *Het pseudoniem van God*, Baarn 2003, p. 16.

76 Ludwig Wittgenstein, Oostenrijks-Brits filosoof (1889-1951).

werkelijkheid. Alleen het perspectief van waaruit ze dat doen verschilt. De wetenschapper zal niet de vraag stellen waarom de zon opkomt, dat wéét hij. Dat neemt niet weg dat hij zich erover kan verwonderen dat het vandaag weer is gebeurd en dat hij niet met wetenschappelijke zekerheid kan voorspellen dat het morgen weer zal gebeuren. Dat weet hij niet. En allebei stellen ze zich af en toe de vraag waarom ze leven zoals ze leven. Dat weten ze allebei niet. Geloven en wetenschap kunnen dus prima samen optrekken. Goddank. Ik bedoel: God concurreert niet met de werkelijkheid, hij is er deel van. Als hij meegaat, dan is het in die ene werkelijkheid, of in dat ene huis, waarin gelovige en wetenschapper samen leven.

Maar ze hebben niet voor niets een eigen kamer. En er zijn huisregels. Als ze elkaars territorium niet respecteren, gaat het mis. De misverstanden liggen om zo te zeggen op de overloop.

Ik zal dat laten zien aan de hand van wat bekend is als 'God van de gaten', of God als gaatjesvuller[77]: wat wij niet begrijpen, daar zit God achter. Vroeger, in het voorwetenschappelijke tijdperk, kwam men er zonder God niet uit. Naarmate de wetenschap vorderde, werden er steeds meer verklaringen gevonden (kunstmest, medicijnen, weersatellieten...) waardoor God niet meer nodig was. Het gat wordt nog steeds kleiner, en bij elke nieuwe ontdekking schuift God een stukje op tot achter de volgende verdedigingslinie.

Het onderliggende misverstand, ik wees er al eerder op, is dat God in het verleden is behangen met vermogens die van de goden van de buren waren, en daardoor verantwoordelijkheid kreeg toebedeeld op terreinen waar hij niets te zoeken had. En na zijn almachtigverklaring werd dat gebied zelfs oneindig.

77 Die term (Lückenbüsser) komt van de Duitse theoloog Dietrich Bonhoeffer (1906-1945).

Je zou kunnen zeggen – maar daarmee wordt God geen recht gedaan – dat nu stukje bij beetje wordt teruggepakt wat God zich in het verleden onrechtmatig heeft toegeëigend. En – maar daarmee doen gelovigen zichzelf geen recht – dat wordt ook zo beleefd: veel gelovigen hebben het idee dat God door de wetenschap langzaam maar zeker uit hun bestaan verdreven wordt. Wetenschappers denken intussen – maar daarmee doen zij de wetenschap geen recht – dat zij zich iets hebben toegeëigend wat voorheen van God was. Atheïsten gooien daar graag nog een schepje bovenop door gelovigen af te schilderen als mensen die 'nog' in God geloven. Zij verkeren in het gezelschap van wetenschappers die ervan overtuigd zijn dat het een kwestie van tijd is alvorens het laatste gat is gedicht en God kan worden afgeschaft.[78]

Zo worden de gelovige en de wetenschapper het nooit eens. Dat kan pas als het almachtige behang van het godsbeeld van de gelovige wordt afgestoomd. Wat hij dan kwijtraakt, is alleen maar ballast, het behoorde hem en zijn God niet toe. En wat de wetenschapper zich toe-eigent, behoorde niet voorheen tot het territorium van God, maar van het onverklaarbare waarmee God ten onrechte in verband is gebracht. Dan pas kunnen er op de overloop vruchtbare, leerzame en wellicht zelfs aangename gesprekken plaatsvinden.

Schepping en evolutie: goddelijke appels en wetenschappelijke peren

'Wil je een appel?' vroeg het meisje. 'Nee,' zei de jongen, 'liever een peertje.'

78 Bijvoorbeeld de Australische natuurkundige Paul Davies in *God and the New Physics*: 'Naar mijn mening biedt de natuurwetenschap een zekerder weg naar God dan de religie.'

Als Adam dat ook gezegd had, dan stonden we er nu heel anders voor.[79]

Werd Galilei (in 1633) nog gedwongen zijn leer te herroepen, toen Darwin zijn *On the origin of Species* publiceerde (1859), lieten mensen zich door de kerk niet meer de mond snoeren. Darwin vond ongerichte, willekeurige mutaties, in combinatie met natuurlijke selectie, als drijfveer van de evolutie: de uitkomst van evolutie is onvoorspelbaar, althans gedeeltelijk bepaald door toeval. En achter toeval kan natuurlijk geen goddelijke daad zitten.

Het kerkelijke verklaringsmodel tot dan toe was gebaseerd op het bijbelboek Genesis: het ontstaan van mens en dier is door God gewild en bedoeld. En hoe er over toeval werd gedacht, was vastgelegd in onder andere de *Heidelbergse Catechismus*, zondag 10: 'Niet bij toeval komen de dingen ons toe, maar uit Gods vaderlijke hand.' De tegenstelling tussen schepping en evolutie was geboren – en zou een lang leven tegemoet gaan.

De ophef erover berust op een vals dilemma. In feite is het een schijntegenstelling: het bijbelse scheppingsverhaal is geen ontstaanstheorie en de evolutietheorie is geen scheppingsverhaal. Ik ben het niet zo vaak eens met Karl Barth, maar hier zeg ik hem volgaarne na 'dat je het bijbelse scheppingsverhaal en een natuurwetenschappelijke theorie net zo min met elkaar kunt vergelijken als een orgel met een stofzuiger'.[80] Alleen als 'in den beginne schiep God hemel en aarde' letterlijk wordt opgevat, komt er een theorie tegenover een theorie te staan, en ontstaat de tegenstelling óf/óf.

Maar Genesis 1 is een tijdgebonden geloofsbelijdenis, die zich door geen enkel later inzicht laat 'achterhalen'. Het probleem ligt dan ook niet zozeer bij bijbelse pretenties, als wel bij die van de latere scheppingstheologie, die van God oorzaak en bestierder maakte.

79 Simon Carmiggelt.

Bijbels gesproken is de evolutietheorie een antwoord op een nietgestelde vraag.

Waarom de kerk zich er zo krachtig tegen heeft verzet, is me nooit helemaal duidelijk geworden. Ik vermoed dat het toen al de gewoonte was iets nieuws af te wijzen om geen andere reden dan dat het nieuw was. Maar eigenlijk was het een buitenkansje. Als de kerk ten tijde van Darwin had erkend dat de bijbelschrijvers niet méér hadden beweerd dan *als-dan*, dan was een kleine correctie genoeg geweest: áls God al tot ons bestaan zou hebben besloten, dan had de evolutie onderdeel van dat scheppingsbesluit kunnen zijn. Dat zou ook een ander licht hebben geworpen op de vraag waarom een goede God een wereld met zo veel kwaad heeft geschapen. Ik kan daar alleen maar namens anderen over fantaseren, maar ik ruik de ontsnapping al.[81] Ik ga uiteraard die weg niet op, omdat het hele vraagstuk niet speelt als God niet bestaat. Hoe het zij, de kerk liet de kans lopen, en dat zal ermee te maken hebben dat de scheppingsleer, zonder ruimte voor toeval, reeds was ingemetseld in het dogmatisch bouwwerk. Dus: óf Genesis is waar óf de evolutietheorie, buigen of barsten. Het werd barsten. Pas in 1996 gaf paus Johannes Paulus II toe dat er een kern van waarheid in de evolutietheorie zit. Maar, zo sprak hij, de evolutie beperkt zich tot het menselijk lichaam, wij hebben ook nog een ziel en die is door God rechtstreeks in ons geïmplanteerd. Hij had dus net zo goed niets kunnen zeggen.

De meeste gelovigen maken zich er niet meer druk om. Voor zover er nog gestreden wordt, gebeurt dat in de achterhoede door de twee enige overgebleven partijen. Dat zijn aan de ene kant de 'orthoatheïsten' die hardop roepen dat zij niet geloven in het bestaan

80 Karl Barth, uit een brief van 1965.

81 Ik doel op de vluchtweg die namens God de verantwoordelijkheid voor het kwaad aan de evolutie delegeert.

van een God waarvan de overgrote meerderheid van de gelovigen allang afscheid heeft genomen. En die intussen nog harder de vraag oproepen waarom Darwin zelf geen atheïst is geworden.[82] Aan de andere kant staan de zogenoemde 'creationisten', die nog wat nasputteren door te beweren dat de evolutietheorie nooit bewezen is. Zij nemen de bijbel in zijn geheel letterlijk en houden er om die reden aan vast dat God de wereld in zes dagen heeft geschapen.

Voor de meeste eigentijdse gelovigen heeft geloven intussen meer te maken met leven dan met het zoeken naar een antwoord op de vraag hoe dat leven is ontstaan. Voor hen behoort de discussie over de evolutietheorie tot de verleden tijd. Dat verhindert wetenschappers en theologen echter niet om het onderwerp op de agenda te houden: zij strijden voort over de vraag hoe het allemaal is begonnen. Sinds enige tijd is er aan die agenda een punt toegevoegd: *intelligent design.*

Intelligent design

> *De kans op het toevallig ontstaan van een bacteriecel is vergelijkbaar met de kans dat een tornado die over een vuilnisbelt raast, daarbij per ongeluk een Boeing 747 in elkaar zet.*[83]

In 2005 liet toenmalig onderwijsminister Maria van der Hoeven weten dat zij er wel voor voelde om naast de evolutietheorie ook *intelligent design* (hierna: ID) op te nemen in het lesprogramma van middelbare scholen. Daarmee deed zij een oud vuurtje weer oplaaien: het zogenaamde 'godsbewijs *from design*' werd in de middeleeuwen al geleverd (zonder succes overigens).

82 Over het eerste stadium van de evolutie heeft Darwin zich niet uitgelaten. Aan een vriend schreef hij: 'Het is pure nonsens om nu na te denken over de oorsprong van het leven.'

83 Fred Hoyle, Brits astronoom (1915-2001).

In Amerika is het al enige tijd een *hot issue*, maar in een land waar meer dan de helft van de bevolking de bijbel letterlijk neemt, is dat niet verbazingwekkend. In Nederland kreeg het onderwerp veel belangstelling na het verschijnen van het boek *Schitterend ongeluk of sporen van ontwerp?*[84] De gretigheid in ons geseculariseerde land kwam van een andere kant: veel mensen hebben God en kerk verlaten en de vraag meegenomen waarom wij hier eigenlijk zijn en waar we vandaan komen. Een verklaring zonder God is voor hen heel welkom.

ID zit ergens tussen, of zoekt een uitweg uit, de klassieke tegenstelling tussen creationisme – God heeft zesduizend jaar geleden de wereld geschapen – en evolutionisme – het leven is na de zogenaamde big bang min of meer bij toeval ontstaan en ontwikkelde zich via natuurlijke selectie. De evolutietheorie wordt niet ontkend, maar er wordt aan toegevoegd dat het leven zó complex is, dat toeval moet worden uitgesloten: er moet een sturende kracht achter zitten, een megabrein, een hyperintelligentie als ontwerp(er).

Het is of lijkt verleidelijk. Wie herkent het niet, in de natuur bijvoorbeeld: dit is zo mooi, zo indrukwekkend, zoiets schitterends kan toch niet toevallig zijn ontstaan? Ik noem dat verwondering. Er zit 'wonder' in, niet omdat iets of iemand dat wonder heeft verricht, maar omdat mensen met behulp van dat woord uitdrukking geven aan iets wat hen raakt op een niveau waarop een antwoord niet relevant is. Op iets waar je stil van wordt, is stilte het enige antwoord, er is geen vraag.

De geschiedenis zit vol met varianten op een of andere 'natuurtheologie': allemaal pogingen om die verwondering te van-

84 Cees Dekker, Ronald Meester en René van Woudenberg (red.): *Schitterend ongeluk of sporen van ontwerp?*, Baarn 2005.

gen in een verklarende theorie. Het zijn ook vrijwel allemaal varianten op wat wel 'Keukenhoftheologie' wordt genoemd: wél de bloemetjes en de vlinders zien, niet de chaos en de wreedheid.

ID ligt al op voorhand onder dezelfde verdenking: het balanceert op de rand van West-Europese wittewijnfilosofie. Met name in landen die door een – volgens ID niet toevallige, intelligente – overstroming zijn getroffen, zullen er weinig medestanders voor te vinden zijn. Daar gaat de voorkeur vermoedelijk uit naar *stupid design*.

Dat is – iets minder serieus – niet de enige reden waarom ID een niet zo handig gekozen naam is. Het is niet nieuw, niet origineel. Thomas van Aquino noemde het al in de dertiende eeuw als een van zijn vijf godsbewijzen: achter deze wereld moet een ontwerp(er) zitten. Wat dat betreft staat de evolutie dus al een paar eeuwen stil, en dat lijkt me, in elk geval wat betreft het onderdeel intelligentie, een contra-argument.

In diezelfde richting zoek ik het antwoord op de vraag waarop ID eigenlijk een antwoord is. Wetenschappers proberen – begrijpelijk – om het toeval dat aan de oorsprong van ons bestaan ligt te verminderen en zo mogelijk uit te sluiten. Tot op de dag van vandaag is dat niemand gelukt. We weten nog altijd niet meer dan dat we er maar min of meer toevallig zijn en dat we er net zo goed niet hadden kunnen zijn.

ID heeft dus geen wetenschappelijk fundament. Bovendien heeft bij mijn weten nog nooit iemand bevredigend kunnen uitleggen wat een gewoon mens zich moet voorstellen bij 'ontwerp zonder ontwerper'. Tel daarbij op het gegeven dat de meeste aanhangers van ID gelovige christenen zijn[85], en er zijn genoeg redenen om ID te beschouwen als een 'gemankeerde geloofsbelijdenis': God wordt niet genoemd, maar wel bedoeld. Oftewel: door

85 Ronald Meester, *De man die God kende*, Kampen 2007, p. 150.

de achterdeur binnengehaald in een theorie waar hij onder het mom van ontwerperloos ontwerp uit was weggeredeneerd.

Cees Dekker[86], medeauteur van *Schitterend ongeluk of sporen van ontwerp?*, maakt daar geen geheim van. Volgens hem is God de schepper van het leven en toont de evolutie ons hoe hij dat gedaan heeft. Dat is geen wetenschappelijke conclusie, maar een geloofsuitspraak.

Dekker bevestigt wat ik bij de meeste ID-aanhangers proef: wetenschappelijk gesproken kunnen ze met een schepper-God niet meer uit de voeten, maar het loslaten van oude geloofswaarheden valt ook hen moeilijk. Anders gezegd: alleen wie God de Schepper met de moedermelk heeft ingedronken, kan dat later, als hij van de fles af is, op zo'n manier afzwakken tot een pseudo-God. Dat ruikt naar christelijk restgeloof: *christelligent design.*

Een gelovige zal met ID net zo veel of weinig kunnen als met het 'gewone' scheppingsverhaal. Voor wie dat toch al letterlijk nam, is God uiteraard de ontwerper van het ontwerp. Voor wie eraan twijfelde, voegt het, behalve wellicht meer twijfels, niets toe.

Het maakt wel het probleem van goed en kwaad nog lastiger dan het al was. Voor zover God verantwoordelijk werd gehouden voor het kwaad in de wereld, was er tenminste nog iemand om tegen te foeteren, of te bidden. De schuldige heet nu niet 'God', maar 'ontwerp'. Maar dat ontwerp is wel zo intelligent dat het de verantwoordelijkheid voor goed en kwaad niet op zich neemt.

Ten slotte degenen die heel wel kunnen geloven in God zonder dat zij God nodig hebben als ontstaansverklaring. Een ontwerp zonder ontwerper is voor hen niet nodig, zij kunnen al prima leven in een schepping zonder schepper. En zij zullen niet onder de indruk zijn van pogingen om God door de achterdeur weer naar

86 Cees Dekker, hoogleraar moleculaire biofysica.

binnen te loodsen. De God die zou kunnen binnenkomen, bestaat toch niet.

Ik vat nog even samen. Atheïsten hebben gelijk: God bestaat niet. Het idee van een bestaande God is van oorsprong niet bijbels, maar heidens. De theologie van de vroege kerk kon daar waarschijnlijk niet eerlijk over zijn omdat zij in dienst stond van een instituut dat andere belangen had dan theologische integriteit. Met veel machtsvertoon en hoge kerktorens kon het heidendom zich daarom onder de naam 'christendom' vestigen in Europa. De macht van het kerkelijke instituut en de almacht van God gingen tot en met de middeleeuwen op een onaantastbare manier hand in hand. Wie hardop tegensprak, ging meteen de brandstapel op, wie het zachtjes deed, kon rekenen op eeuwigdurend hellevuur.

Vanaf de zestiende eeuw begon dat te veranderen: wetenschappelijke kennis nam toe, mensen werden mondiger. Het kerkelijke gezag nam af en die beweging is nog altijd gaande, hoewel het nulpunt in zicht komt: nog even en de kerk wordt uitsluitend bevolkt door mensen die ook in de moderne tijd willen leven met middeleeuwse opvattingen. De rest is vertrokken en zoekt, voor zover niet volledig afgeknapt, zijn geestelijke heil elders.

Hoewel er hoopvolle tekenen zijn[87], lijkt het me niet reëel om te verwachten dat de kerk nog voor het einde der tijden officieel zal toegeven dat God niet bestaat. Daarmee houdt zij het misverstand in stand dat je zou moeten geloven dat God bestaat om in God te kunnen geloven. In het volgende hoofdstuk zal ik laten zien dat dat niet hoeft.

87 Blijkens een IKON-onderzoek uit 2006 is één op de zes voorgangers niet (meer) overtuigd van het bestaan van God.

2.
Geloven achter de komma

Met de conclusie dat God niet bestaat is voor een atheïst de kous af: God bestaat niet, punt. Voor een gelovige begint het dan pas: God bestaat niet, komma. En dan? Is er achter de komma nog iets te geloven? Kun je geloven in een God die niet bestaat?

In dit hoofdstuk neem ik het niet-bestaan van God als uitgangspunt en beweer ik dat het, wat mij betreft althans, geen beletsel maar een voorwaarde is om in God te geloven. Ik voel daarbij de hete adem in mijn nek van theologen en predikanten die vinden dat ik daarmee de wereld op zijn kop zet. En ik voel ook die van atheïsten, bijvoorbeeld van Herman Philipse: 'Een gelovige (in religieuze zin) houdt op gelovige te zijn zodra hij de stelling dat God bestaat niet meer aanvaardt.'[1] Dat draai ik liever om door te stellen dat je gelovig wordt wanneer je de stelling aanvaardt dat God niet bestaat, en vervolgens een komma zet.

Voor het antwoord op de vraag of het mogelijk is om te geloven in een God die niet bestaat, moet eerst duidelijk zijn wat er onder geloven wordt verstaan. Dat heeft voor mij meer met leven te maken dan met God of godsdienst. Een gelovige levenshouding kenmerkt zich door de manier waarop iemand omgaat met wat er met hem en om hem heen gebeurt. Ik zal dat beschrijven als het vermogen om van een gebeurtenis een ervaring te maken.

Ik voer de term 'volwassen afhankelijkheid' in om weer te geven dat die ervaringen kunnen leiden tot het besef dat je afhanke-

1 Herman Philipse, *Atheïstisch manifest*, Amsterdam 2004 (6e verm. druk), p. 24.

lijk bent van omstandigheden waar je geen zeggenschap over hebt, en dat wat werkelijk van waarde is je uiteindelijk alleen maar kan worden gegeven. En die ervaringen leiden ook tot het besef dat anderen er wat dat betreft net zo voor staan als jij. Dan, als de verhouding tot of verbinding met anderen in zicht komt, wordt het religieus en kan het over geloven gaan, in de letterlijke of oorspronkelijke zin van het woord: vertrouwen. Vertrouwen doe je op basis van opgedane ervaringen. Pas als dat allemaal gezegd is, komt God ter sprake: als een van de mogelijke woorden waarmee die ervaringen kunnen worden benoemd.

Met bijbelse steun beschrijf ik God als 'wat meetrekt met mensen die onderweg zijn'. Daar zit zo veel beweging in dat je eigenlijk alleen maar kunt zeggen dat God gebeurt, en niet dat hij bestaat. Maar zonder mensen gebeurt er niets: geen God zonder mensen.

Ten slotte zal ik betogen dat God nergens een antwoord op is. Wie dat wél denkt, plaatst God buiten zijn leven en verwacht dat er met behulp van God antwoorden te geven zijn op vragen die het leven openlaat. Dat kan zelfs God niet.

'Geloof' en geloven

Kun je geloven in een God die niet bestaat? Volgens Van Dale kan het niet. Geloven wordt daarin omschreven als 'vast vertrouwen op God en Gods woord, overtuigd zijn van Gods bestaan en van de waarheid van de goddelijke openbaring'. Het vertrouwen wordt hier zo massief geformuleerd dat het bij gewone mensen nauwelijks kan voorkomen. 'De waarheid van de goddelijke openbaring' is een bloedeloze abstractie, die je hooguit voor waar kunt aannemen door over je eigen verstand heen te springen. Dat noem ik 'geloof'.

Ik maak onderscheid tussen geloof en geloven. Geloof kun je hebben, als een opvatting. Geloven is een manier van zijn: je bent of je leeft gelovig. Iemand die de christelijke leer onderschrijft of 's zondags naar de kerk gaat, is daarmee dus nog niet gelovig. 'Je wordt ook geen auto als je in een garage staat,' zei Albert Schweitzer. Nee, op andermans gezag voor waar aannemen wat je zelf niet begrijpt is niet geloven, maar uitbesteden van verantwoordelijkheid, dan doen anderen het voor jou. En dan kan het ook niet méér zijn dan het overnemen van en het instemmen met een opvatting, zonder enig raakpunt met je eigen leven.

Geloof begint bij God, en mensen moeten gedurende hun leven maar uit zien te vinden hoe ze met die God kunnen leven. Geloven begint ergens anders: bij mensen, bij het leven van alledag, met twee benen op de grond. Het antwoord op de vraag hoe of wat jij gelooft, schuilt niet in opvattingen die je onderschrijft, maar in je manier van leven: hoe je omgaat met wat er gebeurt, hoe je handelt en vanuit welke overtuiging. En dat doe je om te beginnen als mens, met alles wat daarbij hoort: vlees, gevoel en verstand.

Geloven als luisteren naar de roep in het gewone.[2]

Ik formuleer 'geloven' bewust zo alledaags mogelijk, om – voorlopig – uit de buurt te blijven van God, godsdienst en kerk. Geloven heeft níét in de eerste plaats met godsdienst te maken. Dat woord legt vaak de geloofsinhoud al vast en suggereert dat geloven een apart terrein is, alleen toegankelijk voor hen die er het woord 'God' op nahouden. Bovendien is het niet vrij van associaties in de richting van een God die gediend wil worden. Dat is, zo heb ik in het vorige hoofdstuk laten zien, een heidens beeld.

Geloven laat zich niet onderbrengen in categorieën als religieus, godsdienstig of kerkelijk. Als het niet in het leven van alledag

2 Martin Buber.

te vinden is, waar dan wel? En hoe zou het dan begonnen zijn: zondagsmorgens om 10 uur?

Gewoon, heel alledaags. Als geloven met leven te maken heeft, kan het ook niet anders, dan valt het samen met dingen die je overkomen, met mensen die je pad kruisen, met vreugde en verdriet, angst en vertrouwen, met hart en hoofd. Oorspronkelijk was er niet eens een woord voor geloven, het was hetzelfde als leven. En dat speelt zich hier beneden in ons gewone aardse bestaan af, in het waarnemen van en omgaan met de wereld waarop je voeten staan, en niet een wereld buiten of boven mensen.

Die andere wereld is er ook niet. Het idee van een 'andere werkelijkheid' stamt uit de tijd dat mensen dachten dat de aarde een platte schijf was, met een wereld eronder en erboven, waar respectievelijk de doden en de goden verbleven. Aan die voorstellingswereld danken wij de begrippen 'onderwereld' en 'opperwezen'.

Ook de christelijke leer is – nog steeds – op dit antieke decor gebaseerd.[3] We weten inmiddels beter: er is maar één werkelijkheid en daar zit niets boven of achter van een andere of hogere werkelijkheid. Voor zover de termen 'mysterie' en 'God' tot een werkelijkheid behoren, is het de onze. En of iemand al of niet gelovig is, is af te lezen uit de manier waarop hij zich tot die ene werkelijkheid verhoudt.

Door de manier waarop hij met het gewone omgaat, kan dat gewone buitengewoon of religieus worden. Anders gezegd: geloven heeft te maken met hoe je ogen staan – gelovigen zien dezelfde dingen als andere mensen, maar die dingen komen anders binnen, worden anders ervaren. Noemen ze ze ook anders? Dat kan, maar het hoeft niet.

3 God zendt Jezus vanuit de hemel naar de aarde, hij daalt af naar de hel en vaart weer terug ten hemel.

Het gaat niet om het woord 'God'

De naam van de roos verandert niets aan haar geur.[4]

Als de een zegt: 'Ik ben God dankbaar,' en de ander: 'Ik ben een dankbaar mens,' verschilt hun beleving dan niet alleen maar in taal? Wie zal het zeggen. Ervaringen die sommigen religieus noemen, zijn dat voor anderen niet, zij noemen dat bijvoorbeeld een gelukservaring. Het uiterlijke verschil tussen een gelovig mens en een niet-gelovig mens lijkt een kwestie van woorden.

En op die woorden moet je wel goed passen. Als er wordt gezegd dat ook niet-gelovigen zich inzetten voor hun medemensen of dat ook een niet-gelovige zich 'gedragen' kan voelen, dan wordt met 'niet-gelovig' meestal niet-kerkelijk bedoeld. Maar van iemand die zich inzet voor anderen, zou ik niet zomaar zeggen dat hij niet-gelovig is. Geloven is meer een wijze van zijn dan een wijze van zeggen.

Het kan ook over God gaan als het woord niet valt. Na elke ramp worden er wel ergens stille tochten gehouden. En vervolgens houden actualiteitenrubrieken en opinieweekbladen zich bezig met het religieuze gehalte ervan. De belangrijkste vraag wordt meestal niet gesteld: denk je dat mensen die meelopen in zo'n stille tocht zich óók die vraag stellen? Nee, zij zijn waarschijnlijk met andere dingen bezig dan zichzelf de vraag stellen naar het religieuze kaliber van waar ze mee bezig zijn. Gelovigen en ongelovigen lopen door elkaar heen en voelen zich met elkaar verbonden. God zou daar best wel eens tussen kunnen lopen.

God is ook maar een woord. En om te geloven heb je het niet nodig, het kan ook zonder. Dan ben je zelfs in goed bijbels gezelschap. In de boeken Ruth en Hooglied komt het woord 'God'

4 William Shakespeare: *Romeo en Julia.*

nauwelijks voor, in Esther helemaal niet. Ze illustreren hoe God als het ware gebeurt in het wit van de pagina's. Net als in gesprekken die ergens over gaan: het meest zinnige wordt gezegd als er even wordt gezwegen, gekeken en gezien. Ik vermoed dat die boeken juist dáárom in de bijbel zijn opgenomen: eindelijk even stil, nu kan het over God gaan. Want het gaat niet om dat woord, maar om wat eronder ligt aan ervaring.

Van gebeurtenis naar ervaring

Vaak moet er iets gebeuren voordat er iets gebeurt.[5]

Er moet iets gebeuren om van een gebeurtenis een ervaring te maken. Elke dag maak je van alles mee: je partner is niet zo spraakzaam tijdens het ontbijt, je wordt bijna van de fiets gereden, je krijgt een onverwacht complimentje, je kijkt naar een film – allemaal gebeurtenissen. Daar hoef je niets aan te doen, dat gaat vanzelf. Maar datgene wat je meemaakt (op één dag twintig mensen spreken), ook iets met je láten doen (er van die twintig ook één werkelijk 'ontmoeten'), dat gaat niet zomaar. Daar moet je zelf ook iets voor doen, of laten.

Een voorbeeld dicht bij huis: naar een preek luisteren is een gebeurtenis. Als het je iets doet en je doet er iets mee, is het een ervaring geworden.

Naar de mate waarin het je lukt om van een gebeurtenis een ervaring te maken zou je jezelf kunnen beschouwen als gelovig. Dat gaat niet vanzelf. Zonder openheid gaat het niet. Gebeurtenis en ervaring verhouden zich als geslotenheid tot openheid, als buitenkant tot binnenkant, als kijken tot zien. Als je leeft zoals je naar het Journaal kijkt, komt er nooit iets binnen. Kinderen kunnen nog huilen en vragen stellen als ze beelden zien van vermoorde en hongerende mensen. Bij volwassenen blijft de deur tussen binnen- en buitenkant meestal dicht. Kinderen zíén het Journaal, volwassenen kíjken ernaar. Dat een volwassen mens over het

5 Johan Cruijff.

'vermogen' beschikt om dat zonder zakdoek een half uur vol te houden, spreekt boekdelen.

In het bijbelse boekdeel Marcus staat een verhaal over de genezing van een blinde man: Jezus 'spuwde in zijn ogen, legde hem de handen op en vroeg hem: Ziet gij iets? En hij zag op en zei: Ik zie de mensen, want ik zie hen als bomen wandelen'.[6] Een treffend beeld voor de alledaagse, oppervlakkige manier van kijken: hij kijkt wel naar mensen, maar hij ziet ze niet.

Iedereen weet dat het ook anders kan. Anders zou je niet weten wat liefde is. Niemand ziet aan de buitenkant wat er zo speciaal is aan iemand van wie jij houdt. Nee, dat zie jij alleen, want je kijkt anders. Of beter: je kijkt naar hetzelfde, maar je ziet iets anders. Zo kun je dus ook naar een mens kijken: als naar iemand die niet alleen een buitenkant, maar ook een binnenkant heeft. En dat zit heel dicht bij het vermogen om je te laten raken.

Of een gebeurtenis een ervaring wordt, heeft niet alleen met ogen te maken. Waarom gelooft iemand? Omdat hij ergens door geraakt is. Het woord 'raakbaarheid', of 'ontroerbaarheid', geeft treffender weer dat het uiteindelijk gaat om aangeraakt worden op de laag van het gevoel, de emoties. Raakbaarheid houdt ook kwetsbaarheid in. Als je in je gemoed wordt geraakt, ben je weerlozer dan wanneer je alleen op je verstand wordt aangesproken.

Dat is ook de laag waarop een mens zich kan verwonderen. Onder verwondering versta ik het vermogen om versteld te staan van wat vanzelfsprekend is of lijkt. Dat er kinderen worden geboren, is algemeen bekend en biologisch gesproken geen wonder. Ouders beleven dat anders. Ook al staat de gehele zwangerschap in het teken van verwachting, dan nog is de geboorte een moment van verwondering. Verwondering dus over iets alledaags. Er is geen wonder voor nodig. Er is zelfs niet iets voor nodig wat er al

6 Marcus 8:23-24, NBG.

niet is. Verwondering gaat over hoe je omgaat met het gewone, met wat elke dag gebeurt.

Pas als dingen waar je dankbaar voor kunt zijn van hun vanzelfsprekendheid worden ontdaan, is er sprake van verwondering. Als je je er niet over kunt verwonderen dat je geboren bent en bestaat, valt er weinig te geloven.

Volwassen afhankelijkheid

Het woord dat jou helpt kun je niet tegen jezelf zeggen.[7]

Een gelovige levenshouding komt een mens niet aanwaaien. Er moet eerst heel wat wegwaaien aan vooringenomenheid, in beslag genomen zijn, zelfverzekerdheid enzovoort om binnen te laten wat ieder mens ten diepste wel weet, maar meestal liever niet wil weten: dat je leven geen eigen fabricaat is, dat je jezelf niet hebt gemaakt, en datgene waar je gelukkig van wordt ook niet. Dat wél willen weten, noem ik 'volwassen afhankelijkheid'.

De tijdgeest stelt de mens voor als een onafhankelijk, autonoom individu dat zelf verantwoordelijk is voor het uitstippelen van de route naar een geslaagd leven. Of het nu gaat om succesvol zijn, er jonger uitzien dan je bent, veiligheid, welstand, geluk of bewondering, er leeft of heerst in onze samenleving een collectieve veronderstelling dat we ons leven in eigen hand hebben. Het ideaal is de vrije mens die heer en meester is over zijn eigen leven.

Noem dat maar 'onvolwassen onafhankelijkheid'. Of gewoon onzin: jij kunt wel zelf bepalen dat je morgen op reis gaat, maar niet dat je levend terugkomt. Iedereen is afhankelijk van omstandigheden die niet beheersbaar zijn. Je leven is maar ten dele maakbaar, het is vooral kwetsbaar: het komt zoals het komt, met gebreken, mislukkingen en teleurstellingen. Tragiek ligt altijd op de loer en er bestaat geen God die je behoedt voor

7 Ethiopisch spreekwoord.

tegenslag en verdriet (die God hoort bij 'onvolwassen afhankelijkheid').

Volwassen afhankelijkheid erkent dat wat werkelijk van waarde is niet in je macht ligt. Vaak valt er niet eens te kiezen en heb je het maar te doen met wat zich aandient. Bij een gelukt leven hoort ook geluk hebben. En ook dat heb je niet in eigen hand. Geloven maakt het leven niet eenvoudiger, het is geen levensverzekering. Je kunt om zo te zeggen geloven wat je wilt, maar omstandigheden veranderen daar niet door. Geloven is eerder: inzien dat je niet méér te doen hebt dan het leven leven dat je te leven wordt gegeven. Niet minder ook. Erkennen dat je leven ongewis is, dat je agenda van vandaag morgen al oud papier is, dat er elk moment iets kan gebeuren en dat niemand daar de regie over voert. Als je denkt dat je je leven onder controle hebt, neem je jezelf en het leven niet serieus en loop je weg voor het kwetsbare. De richel waarover je loopt, wordt dan steeds smaller, en dan word je vanzelf angstig: als dít maar niet gebeurt, als m'n kind maar niet dát doet... Als je relatie stukloopt of je kind aan de drugs gaat, dan is dat heel erg, maar het is nóg erger als je altijd geleefd hebt in de veronderstelling of de overtuiging dat dat jou nooit zou gebeuren.

Juist die quasi-zekerheid maakt onzeker. Als jou steeds maar wordt voorgehouden dat je zelf verantwoordelijk bent voor de keuzes die je maakt, dat je zelf kunt kiezen of doen wat je wilt, dan zul je ook steeds het stemmetje horen dat vraagt: 'Doe ik het wel goed?' En zolang je jezelf beschouwt als architect van je eigen leven, zal dat stemmetje nooit zwijgen. Hoeveel tweeverdieners kennen niet het knagende gevoel dat zij hun kinderen tekortdoen?

Volwassen afhankelijkheid ziet onder ogen dat geluk, vreugde enzovoort niet of nauwelijks het resultaat zijn van eigen inspanning, maar buiten onze greep liggen. En dat je er zelfs niet of maar in zeer beperkte mate naar kunt streven. Dat is geen reclame voor passiviteit, maar benadrukt dat leven iets anders is dan doen.

'Hé, lang niet gezien, wat doe jij tegenwoordig?' Die vraag hoor ik vaker dan: 'Hoe is het tegenwoordig met je?' Alsof je bent wat je doet. Alleen daarom al is het heilzaam om af en toe eens helemaal niets te doen. Of je in plaats van je afvragen wat je nu eens zult gaan doen, je afvragen wat je nu eens níét zult gaan doen. Dat kan helpen om te komen bij het besef dat wat 'ertoe doet' niet zo veel van doen heeft met 'doen'.

Iedereen wil graag gelukkig worden. Daar doen we heel wat voor, daar proberen we naar te streven. Maar kijk eens naar mensen van wie je denkt of weet dat ze gelukkig zijn. Doen ze hard hun best om gelukkig te zijn of te worden? Ze proberen waarschijnlijk alleen maar om een zinvol leven te leiden, en intussen, terwijl ze daarmee bezig zijn, sluipt het geluk hun levens binnen.

Je hoeft dus eigenlijk helemaal niet zo veel te doen om gelukkig te worden. Misschien moet je er wel meer voor laten dan doen. Vergelijk het maar met 'iemand willen helpen' – en dan bedoel ik niet helpen met de afwas of een schilderij ophangen. Wanneer je ernaar streeft, lukt het het minst. Wanneer iemand zich echt geholpen voelt, bemoedigd, getroost, of opgelucht, dan is dat meestal niet te danken aan jouw bewuste bedoeling, maar vooral aan de manier waarop je bij iemand bent. Niet door wat je in huis hebt, maar door wat of wie je bent, en daar kun je niet zo veel aan doen. Je krijgt er juist géén greep op door ernaar te streven. En áls het gebeurt, áls je die ander bereikt, of ontmoet, dan is het alsof dat je gegeven wordt.

Volwassen afhankelijkheid begint dus bij het besef dat het niet primair gaat om wat wij doen, maar om wat het leven ons doet. Met andere woorden: dat ieder mens, al levende, op het spoor komt van wat echt bij hem hoort, wat zijn bestemming is. En het woord 'bestemming' zegt het al: je bepaalt niet zelf de route. Er zit 'stem' in, en dat zet de deur naar buiten al op een kier, of de oren al open, naar een gebied waar je het niet meer zelf voor het zeggen hebt, maar waar iets tegen jou wil worden gezegd. Zo zeggen wij ook dat het leven ons 'iets te zeggen' heeft.

In bijbelse taal wordt dat uitgedrukt als: 'God sprak.' Dat suggereert geen hemelse stembanden, maar dat een mens wordt aangesproken, of – dan blijft het bij die mens – zich aangesproken voelt. In die beeldspraak gaat het om een werkelijkheid die tot mensen kan spreken, zoals een boek en een bloem dat kunnen: ze zeggen niks, maar ze kunnen je wel iets te zeggen hebben.

Van Abraham wordt verteld dat hij een stem hoorde die zei: 'Trek weg (...) naar het land dat ik je zal wijzen.'[8] Ik lees dat als het door vallen en opstaan verworven inzicht dat een mens niet zelf de reis door zijn leven uitstippelt, als een beproefde ervaring die met terugwerkende kracht werd toegeschreven aan aartsvader Abraham, een mythologische figuur die als 'vader van alle gelovigen' de geschiedenis is ingegaan. Abraham staat model voor iedere mens die tot het inzicht komt dat het niet zijn bestemming is om eigenmachtig zijn levensopdracht te bepalen, maar om zich te laten aanspreken. Of – in de taal van het verhaal – om zich de weg te laten wijzen, open te staan voor wat hem alleen maar kan worden gegeven.

Zelfs tegen de oorlogszuchtige taal in het Oude Testament legt die intuïtie het niet af. In het boek Jozua, dat verslag doet van de niet-zachtzinnige verovering van het 'beloofde land', wordt het met zo veel woorden gezegd en herhaald: 'Elke plaats die jullie voetzool betreedt, heb ik jullie gegeven.[9] Alsof het niet vaak genoeg gezegd kan worden: een ander of beter leven maak je niet zelf, het wordt je gegeven.

8 Genesis 12:1, NBV.

9 Onder meer in Jozua 1:3, EV.

Daar begint geloven misschien wel mee: met het besef dat wat voor jou werkelijk belangrijk is, je gegeven wordt.

Het is niet goed dat de mens alleen is.[10]

Eén stap verder en je realiseert je dat je niet de enige bent die er zo voor staat, dat anderen net zo afhankelijk zijn van jou als jij van hen.

Het lijkt zo simpel. Gewoon aanvaarden van jezelf: dat jij bent wie je bent, een mens die soms gelijk heeft en soms ongelijk, een gewoon mensenkind met zijn kwetsbaarheid, zwakheid en teleurstellingen over zichzelf. Dat is helemaal niet simpel, want dan moet je weg van het niveau waarop je wat te verliezen hebt: je gelijk, je trots, je aanzien, je noem het maar. En dan kom je dáár terecht waar jij alleen maar jij bent. En hoe dichter je bij dat unieke stuk bent, hoe meer je beseft dat mensen ten diepste meer op elkaar lijken dan van elkaar verschillen. Om het simpel te zeggen: jij bent net zo'n grote of kleine sukkel, schat, oen of vul maar in als ik. En dan niet als opinie, maar als doorleefde overtuiging. Ik zou niet graag beweren dat dat simpel is.

En ik ben niet de enige. De uitspraak van Jezus, 'Heb de Heer, uw God, lief met heel uw hart en met heel uw ziel en met heel uw verstand. Dat is het grootste en eerste gebod. Het tweede is daaraan gelijk: heb uw naaste lief als uzelf',[11] wordt niet voor niets het 'grote gebod' genoemd. En Jezus was niet de eerste. Want zo staat het ook al in het Oude Testament.[12] En niet alleen daar: wát mensen zich bij een God ook hebben voorgesteld, in vrijwel alle religies wordt benadrukt dat godsdienst onmogelijk is zonder mensen-

10 Genesis 2:18, NBV.
11 Mattheüs 22:37-39, NBV.
12 Leviticus 19:18.

dienst, dat het begint met wat het simpelst lijkt, maar het moeilijkst is: het besef dat ik net zo ben als al die anderen.

Voor een gelovig mens zal het bewustzijn van wederzijdse afhankelijkheid niet zonder gevolgen blijven, maar zich vertalen in de verantwoordelijkheid om naar vermogen bij te dragen aan het geluk en welzijn van anderen. Een open oog voor de ander brengt je als vanzelf in contact met je drijfveren ten goede. Of althans in de goede richting: dat je niet alleen het goede doet omdat het goed is voor jou. En dan ben je eigenlijk al een gelovig of, letterlijk gesproken, religieus mens.

Ons woord 'religie' is afgeleid van het Latijnse *religio*. Dat betekent 'verbinding' en zegt dat de mate waarin je je verbindt met je omgeving, bepaalt in hoeverre je levenshouding religieus is.

Over geloven is voorlopig nog niet veel méér gezegd dan over leven: dat het uiteindelijk niet individueel is, niet losstaat van aardse, menselijke relaties. En dat als God ergens te vermoeden is, het dan dáár moet zijn: ergens in die betrokkenheid van mensen op elkaar. Maar dat komt later.

Een rugzak vol ervaring

Laat jullie niet leiden door wat er zoal gezegd wordt, noch door traditie, volkswijsheden of wat is overgeleverd in heilige geschriften (...) noch door het gezag van een leraar.
Alleen als jullie voor jezelf weten: deze dingen zijn goed en heilzaam ,(...) dan moeten jullie ze je eigen maken en ernaar leven.[13]

Waarom gelooft de een wel, de ander niet, en waarom geloof jij zoals je gelooft? Dat is geen andere vraag dan: waarom leef je zoals je leeft, denk je zoals je denkt, doe je de dingen zoals je ze doet? Het antwoord zit in je rugzak, in wat je gedurende je leven aan ervaringen hebt opgeslagen. Toen je kind was, hebben anderen er van alles ingestopt: ouders, leraren, vrienden, tijdschriften, de televisie enzovoort. Door verhalen van anderen heb je geleerd hoe het leven moest worden geleefd en wat goed voor je was. Wat iemand jou vroeger hoorde zeggen, had je van horen zeggen.

Toen je volwassen werd, heb je van alles uit je rugzak gekieperd. Wat bleef, was wat jij je 'eigen' had gemaakt, wat klopte met je eigen ervaringen. Ook al heb je in beginsel niets van jezelf, en heb je veel ooit moeten 'aannemen', zolang het niet van jezelf is, is het geen 'geloven' maar 'geloof'.

Wat iemand jou nu hoort zeggen, is van jezelf. Wat van horen zeggen was, heb jij je op jouw unieke manier toegeëigend. Je hebt je eigen gemaakt wat goed voor je was, en achtergelaten wat niet

13 Boeddha, Anguttara-Nikāya 3:66.

bij je paste. Zo kort mogelijk geformuleerd (en daarmee passeer ik in blijde onwetendheid genetische, biologische, psychologische en ongetwijfeld nog veel meer wetenschappelijkheden): de leidraad voor hoe je leeft, is je aangereikt door opgeslagen ervaringen.

En daarmee, met die tot levenservaring verzamelde ervaringen, zul je het als volwassene moeten doen. De hulplijntjes van vroeger zijn uitgegumd: je hebt leren schaatsen achter een stoel en zwemmen met een bandje, nu kun je het zelf. Je hebt in Sinterklaas geloofd, nu weet je beter. Je hebt misschien in God geloofd als een Sinterklaas, nu weet je dat de Sint niet bestaat. Alle geloof dat aangeleerd was, is door de zeef gegaan. Kortom: je staat er zelf voor. Ieder mens geeft vorm aan zijn leven op basis van eigen levenservaring.

Van 'geloof' naar geloven

Zo simpel als het misschien lijkt, zo ingewikkeld is het in werkelijkheid. Het geloof van vroeger maakt het geloven van vandaag er meestal niet gemakkelijker op.

Wat is typerend voor die ontwikkeling van geloof naar geloven? Het (kerkelijke) geloof staat aan het begin. Daarna gaat het vaak zó: de hapklare brokken van de kinderjaren blijken later geheel verteerd te zijn – de geestelijke opvoeding is dan 'geslaagd' – of ze blijken niet echt te horen bij de mens aan wie ze zijn toegediend. En die mens heeft dan geen andere keuze dan terugspugen of neurotisch worden. Kiezen voor terugspugen is gezond, en leidt er in het gunstigste geval toe dat geloven niet langer een niet-geïntegreerd brok is, maar is opgenomen in hoe je omgaat met jezelf en de wereld om je heen. Anders uitgedrukt: het zelfstandig naamwoord 'geloof' is het werkwoord 'geloven' geworden.

Maar heel vaak is het een moeilijke, soms ook pijnlijke weg.

Want de antwoorden van vroeger mogen dan zijn teruggespogen, daarmee zijn de vragen eronder nog niet verdwenen.

Geloof kan hinderlijk in de weg lopen. Het begon meestal met God als Sinterklaas. Dat kan moeilijk anders: je kunt bij kleuters niet aankomen met God als mysterie. Hoe raakte je je geloof in Sinterklaas kwijt? Je kwam erachter hoe het zit: een verklede man. Het zit dus niet zoals je vroeger aannam dat het zat.

Waarom verlaten zo veel mensen geloof en kerk? Omdat ze als gelovigen niet meer kunnen aannemen dat het zit zoals het zat: God als een Sinterklaasachtig wezen. Maar ze weten niet hoe het wel zit. Nee, niemand weet hoe het zit. Het zit namelijk niet.

Maar God zit er nog wel. Bij iedereen overigens. God zit in elk Nederlands rugzakje, want niemand hier heeft nooit van God gehoord. En tot vreugde van sommige gelovigen, tot verdriet van atheïsten en wellicht tot ergernis van agnosten en ietsisten: God laat zich er niet uitgooien. Iedereen mag er dan iets anders onder verstaan, maar hij zit erin.

Dat leeg kieperen is dus betrekkelijk. God doet om zo te zeggen zijn naam eer aan: hij is er altijd geweest en zal er altijd zijn, ook voor jou. Je kunt hindoe of atheïst worden, maar van God kom je nooit af. Vooral mensen die zijn grootgebracht met het beeld van een strenge, oordelende God, raken dat vaak nooit helemaal kwijt. Ik herinner nog maar even aan de 'rancuneuze atheïsten' in het vorige hoofdstuk; zij zijn nog volop bezig met terugspugen.

Het verdwijnt meestal ook niet. Of niet definitief. Dat heb ik veel mensen horen zeggen: dat ze, met pijn en moeite, oude beelden probeerden los te laten, nieuwe niet zomaar konden toelaten – of nog niet, of nog niet helemaal – omdat die oude stukken er nog steeds bleken te zijn.

De ene rugzak is zwaarder dan de andere. Maar wat achter je ligt, is ook voor een traumavrije gelovige niet weg. Je kunt nog zo'n modern godsbeeld hebben, meestal vervangt dat niet het oude, maar schuift het eroverheen.

Het gaat een leven lang door. Dagelijks komt er van alles op je af waarvan je moet kiezen of het wel of niet in jouw rugzak past.

Ze keken op en zagen niemand meer, Jezus was alleen.[14]

Als volwassene bepaal je dat zelf: niemand heeft jouw levensweg eerder gelopen, je hebt alleen je eigen rugzak als basis voor de keuzes die je maakt. In die zin is iedereen 'soloreligieus'.[15] Dat voelt tamelijk eenzaam, maar misschien is ook dat een ervaring waar een mens doorheen moet om in anderen diezelfde eenzame eenzamen te herkennen. Dat voelt al minder alleen. Want leven doe je samen met hen. In je eentje kun je geen mens zijn, we ontdekken en worden onszelf in contact met anderen. Jouw en mijn geschiedenis zit vol met stemmetjes van anderen.

Maar uiteindelijk sta je alleen, met een rugzak vol verzamelde levenservaring als bron waaruit je levenskracht en vertrouwen kunt putten voor onderweg.

14 Mattheus 17:8, NBV.

15 De term is van publicist en uitgever Jan Oegema; *Trouw*, 8 november 2005.

Vertrouwen

Om dat woord gaat het: de oorspronkelijke betekenis van het Hebreeuwse woord *aman*, dat wij vertalen met 'geloven', is vertrouwen. Geloven is, zoals gezegd, een manier van zijn en niet van hebben. Zoals ook liefhebben niets van doen heeft met hebben – een ander mens kun je niet hebben. Uiteindelijk kun je je aan degene die je lief is alleen maar overgeven. En dat is: vertrouwen. Niet als een prognose na verkenning: nu durf ik die ander wel te vertrouwen. Dan héb je er vertrouwen in. Zo zeggen we dat ook: ik heb er vertrouwen in, ik durf het wel aan. Vertrouwen in de zin van geloven zit in de daad van het overgeven zelf. Je geeft je niet in vertrouwen over, het overgeven zelf is vertrouwen.

Hiervoor schreef ik dat geloven te maken heeft met leven. Vertrouwen dus ook. Ten dele vertrouwen we omdat we wel moeten. Zonder vertrouwen in medemensen valt er geen samenleving op te bouwen. Je moet er, als regel, van uit kunnen gaan dat andere mensen te vertrouwen zijn. Voor zover er iets te kiezen of te besluiten valt, beperkt zich dat tot wel of niet kiezen of je het aandurft om de mensen om je heen te vertrouwen.

Waarom zou je dat doen? Vertrouwen of geloven, of het nu in jezelf, in andere mensen of in God is, kan alleen maar gebaseerd zijn en is alleen maar vol te houden als het berust op ervaring. Maar uit die ervaring weet je dat andere mensen niet minder onberekenbaar of minder tot ontrouw geneigd zijn dan jij. Daarom is het heel moeilijk om je over te geven zonder de zekerheid dat die ander je niet zal laten vallen. Voor zo veel vertrouwen is eigenlijk nodig dat je elkaar heel goed kent.

En daar zit precies de knoop, of de vicieuze cirkel: om elkaar te vertrouwen moet je elkaar goed kennen, en om elkaar goed te leren kennen moet je elkaar vertrouwen. En dat vertrouwen komt niet zomaar. Het moet, voor jou en iedereen, ooit ergens beginnen door zelf het risico van overgave te nemen. Of je dat aandurft, zal vooral afhangen van de inhoud van je rugzak.

Wie niet waagt…

Vertrouwen bouw je 'gaandeweg' op door ervaringen op te doen. Het blijkt pas als je het erop waagt, garanties zijn er niet. Geloven is niet zoiets als vertrouwen hebben in een goddelijke gestalte die achter je staat: 'Op hem vertrouw ik, mij kan niets gebeuren.' Nee, er kan je juist van alles gebeuren, en je weet best dat het er in de wereld vaak heel bedreigend en verdrietig aan toegaat.

Het kan lelijk tegenvallen. Mensen stellen elkaar teleur, bedriegen elkaar. In rugzakken zitten ook teleurstellingen. En geloven geeft geen zin aan wat er voorbij is gekomen aan pijn en verdriet. Geloven is eerder weigeren om het leven zinloos te vinden, niet mee willen doen aan wat je aftrekt van je eigen menswaardigheid en die van anderen: 'Het zal allemaal wel, maar toch…'

Dat is misschien juist het kenmerkende van een gelovige: dat al het ongerijmde en soms angstige dat hij om zich heen ziet, niet wegneemt dat hij 'ja' blijft zeggen tegen het leven waarvan hij heeft ervaren dat het goed kan zijn. Dat het daarom beter kan worden dan het nu is, dat hij daar zelf niet buiten staat, dat het niet vanzelf goed komt, en dat hij dat niet in zijn eentje redt. Daarom wil een gelovige niets anders dan zich aan het leven en aan anderen toevertrouwen.

Dat staat er misschien wel krachtig, maar het zijn broze woorden – willen is nog niet kunnen. Vertrouwen kan door slechte ervaringen zwaar onder druk worden gezet. Soms té zwaar. Wie in zijn jeugd beschadigd is, zal misschien nooit meer iemand geheel kunnen vertrouwen. En ook wie er beter is afgekomen, loopt onderweg schrammen op, geen mens gaat zonder deuken door het leven.

Mijn taal wordt voorzichtiger. Ik heb gezien en zelf ervaren dat er vandaag iets kan gebeuren wat je gisteren niet had kunnen bedenken of vermoeden. En dat er dan ineens zo veel gewicht in je rugzak kan belanden dat je die amper nog alleen kunt dragen. Je mag jezelf gelukkig prijzen en God op je blote knieën danken als er dan lieve en betrouwbare mensen om je heen zijn.

Soms zijn die er ook niet. Ik heb te vaak mensen gezien die het in hun eentje moesten doen en daar wantrouwend of zelfs cynisch door zijn geworden. Ik durf daarom niet zomaar te beweren dat je ervoor kunt kiezen om te geloven. En al helemaal niet dat je dat op beredeneerbare gronden zou kunnen doen.

Geloven als keuze?

Het hele proces van vertrouwen is maar ten dele rationeel; het laat zich niet afdwingen en niet bewijzen. Het heeft meer van 'rekenen op' dan van rekenen. Het is ook niet toetsbaar: je vertrouwt een ander of niet. De uitspraak 'ik vertrouw...' is niet waar of onwaar, maar oprecht of onoprecht. Daarom is het zo moeilijk om te discussiëren over geloven.

Als atheïsten de discussie zoeken, gebeurt dat meestal vanuit de veronderstelling dat een gelovige er opvattingen op na houdt die te bewijzen en te weerleggen zijn. Maar het is innerlijk tegenstrijdig om je vertrouwen bewezen te willen hebben; alsof je je eigen vertrouwen niet vertrouwt. Je kunt toch ook nooit zeker zijn van de liefde van je geliefde, of de trouw van vrienden? Nee, maar je gelooft er wel in. Je weet uit ervaring dat je je vrienden kunt vertrouwen en dat dat vertrouwen sterker is dan je begrip. Je vertrouwt ze, en dat doe je zonder logisch bewijs of zeker weten. Het bewijs, of liever de bevestiging, ligt in de ervaring, op de laag van het geraakt zijn, onder de oppervlakte. Dat leidt tot een 'gevoelsmatig weten'. Daarom zijn rationele argumenten die proberen om gelovigen het atheïstische licht te doen zien bij voorbaat kansloos.

Met je verstand zul je er niet voor kiezen om iemand te vertrouwen. Dat je het doet, of durft, is geen gevolg van een logische afweging. Dat er mensen zijn op wie je kunt vertrouwen, zou ik eerder een wonder noemen dan de conclusie van een redenering.

Ik vermoed dat Pascal daarop doelde met zijn beroemde woorden: 'Het hart heeft zijn redenen die het verstand niet kent.' Vrij vertaald: verstand hebben blijkt ook of vooral uit weten waar weten ophoudt. Met je verstand kun je je leven niet doorgronden, je kunt alleen vanuit je hart handelen en je mag erop vertrouwen dat wat uit je hart komt, goed is. Daarmee is je verstand niet uitgeschakeld, maar 'aangesloten' op je hart.

Dat atheïsme rationeler zou zijn dan geloven, lijkt me een irrationele misvatting: ook atheïsme is een keuze die niet op rationele gronden te beargumenteren is.

> *Besef goed, vandaag stel ik u voor de keuze tussen voorspoed en tegenspoed, tussen leven en dood. (...) Kies voor het leven.*[16]

De vraag in hoeverre iemand ervoor kan kiezen om te geloven, is uiterst gecompliceerd. Kies je ervoor om iemand te vertrouwen? Ik neig naar: je kunt ervoor kiezen om het níét te doen, zoals je er ook voor kunt kiezen om geen nieuwe relatie meer aan te gaan om de pijn van een scheiding of een afscheid niet weer te riskeren. En geloven is dan: die keuze níét maken, maar trouw blijven aan wat je hebt ervaren en gezien: dat leven, ondanks alles, goed kan zijn.

Maar het is of komt niet vanzelf goed. Door onze 'levenskeuzes' ten goede zullen wij er zelf iets goeds van moeten maken. Die keuzes staan tussen aanhalingstekens omdat er, zoals eerder gezegd, niet altijd te kiezen valt. Maar het goede als goed erkennen is niet vrijblijvend, het doet iets met je, het roept een verlangen op om het zo te laten zijn. En daar sta je zelf niet buiten. Ergens fiducie in hebben, erin geloven, is ook: eraan meewerken dat het ervan komt, zodat het voor jou en anderen geloofwaardiger wordt.

Je kunt ook zeggen dat je je 'ertoe geroepen' voelt. Wat je daar vervolgens mee doet, of je aan die roep gehoor geeft, is aan jou.

16 Deuteronomium 30:15,19, NBV.

Maar of dat echt een keuze is, waag ik te betwijfelen. Gegroeid vertrouwen heeft eerder iets onweerstaanbaars, je kunt er eigenlijk niet omheen. In die zin is het eerder ergens toe gedreven worden dan er bewust voor kiezen.

Met een ander beeld: ik geloof niet in God als de schepper van de wereld zoals die is. Ik geloof wel in God als wat mensen ertoe kan bewegen van onze wereld een betere te maken. Dan begrijp ik ook waarom er in het scheppingsverhaal staat dat 'God zag dat het goed was'.[17] Niet als goddelijke voldoening na gedane scheppingsarbeid, maar als menselijke waardering van hoe het begon en steeds weer begint: goed genoeg om te beginnen. Anders gezegd: de werkelijkheid is neutraal, en of er iets goeds van komt, hangt af van wat jij en ik ermee doen.

17 Genesis 1.

Geloven in God

En God? Kun je daar ook voor kiezen? ‘God’ kan het woord zijn waarmee je verwijst naar datgene waarin of waardoor je gelooft: ervaringen die jouw vertrouwen hebben gegrond en bevestigd. Dat kán, het hoeft niet.

Mensen leven, beleven en ervaren. Om die ervaringen te duiden en met anderen te delen zijn woorden nodig. Zo zeggen we bijvoorbeeld dat dingen niet zomaar gebeuren, dat er méér is tussen hemel en aarde dan wij zelf kunnen bedenken enzovoort.

Of je het woord ‘God’ gebruikt, hangt af van de inhoud van je rugzak: sommigen gebruiken het om aan te geven waarin ze geloven, anderen gebruiken het als onderdeel van een vloek, en voor weer anderen is het zo beladen met negatieve associaties dat ze het helemaal niet willen gebruiken.

Als je het woord ‘God’ gebruikt, dan is dat jouw manier om woorden te geven aan ervaringen die door iemand met een andere rugzak anders worden geduid. Dat wil zeggen: met behulp van het woord ‘God’ verwoord je een ervaring die niet controleerbaar verschillend is van een ervaring die iemand anders op een andere manier verwoordt. Na een moeilijke periode zal een atheïst zeggen: ‘Ik had de kracht om erdoorheen te komen.’ Een humanist: ‘Ik heb de kracht gevonden.’ Een ietsist: ‘Ik heb de kracht gekregen.’ Een gelovige: ‘God heeft mij de kracht gegeven.’ Ze zeggen allemaal iets verschillends en dat bedoelen ze waarschijnlijk ook, maar of de ervaring die ze proberen te verwoorden óók verschillend is, is een andere vraag.

Duidelijk is alleen dat de verwoording verschilt, nog los van de vraag of het überhaupt mogelijk is om vast te stellen dat de ervaring dezelfde is. Dat zal nog niet meevallen, want ervaringen zijn onverwoordbaar. Wat twee paar verliefde ogen elkaar vertellen, is met geen pen volledig te beschrijven. Ervaring is een bron van kennis die veel meer omvat dan wat erover te zeggen valt. Probeer maar eens uit te leggen wat ontroering is... Je zou kunnen zeggen dat 'weten' en 'zijn' in de ervaring samenvallen, niet te scheiden zijn.

Ervaringen zijn taalloos, ze gaan aan al onze woorden vooraf. De ervaring komt eerst, de verwoording is vers twee, en taal schiet altijd tekort.

Waarover men niet kan spreken, moet men zwijgen.[18]

Als 'God' een woord is voor onverwoordbare ervaringen, dan is spreken over God in zekere zin altijd eenrichtingsverkeer. Zelfs de suggestie dat iemand anders er hetzelfde onder zou verstaan, doet afbreuk aan de onverwoordbaarheid. Veel méér is er over dit onderwerp dus eigenlijk niet te zeggen.

Maar dat zou ik niet hoeven zeggen als er niet toch zo veel over werd gesproken en geschreven. Bijvoorbeeld: 'God ervaren we mede omdat we in een geloofstraditie staan.'[19] Of: 'Mensen kunnen niets ervaren dat niet op de een of andere manier aansluit bij het verwachtingsontwerp dat ze al heb-

18 Ludwig Wittgenstein.

19 'Directe waarnemingen van God hangen samen met achtergrondovertuigingen. Hoe zouden we anders het waargenomene kunnen identificeren als God? God ervaren we mede omdat we in een geloofstraditie staan.' (W.P. Alston, Amerikaans filosoof, geciteerd door Wessel Stoker in zijn boek *Is geloven redelijk?*, Zoetermeer 2004, p. 71.)

ben.'[20] Of: 'Chinezen kunnen God niet ervaren, want ze zijn onbekend met God.'[21]

Ik maak daar een punt van omdat de citaten ten minste suggereren dat er aan een ervaring iets moet voorafgaan om die ervaring als die ervaring te kunnen duiden. Maar als atheïst laat ik me niet aanpraten dat ik mijn ervaring alleen maar God mag noemen als ik in een geloofstraditie sta. Of dat mijn ervaring alleen zou meetellen als iemand anders kan zeggen: 'Dat heb ik ook gehad.' Of als die door een levensbeschouwing of religieuze gemeenschap wordt gesanctioneerd. Of – erger nog – dat de ervaring die ik God noem pas 'echt' is als ik deel uitmaak van een (geloofs)gemeenschap.

Zo kan het toch ook niet begonnen zijn? Nee, het begon andersom: ervaringen hebben geleid tot theorieën en godsdiensten. Wie de weg terugwandelt door te beweren dat iemand al ergens weet van moet hebben om iets te kunnen ervaren, loopt op het randje van annexerend taalgebruik. Als ik in China was geboren, zou ik voor een ervaring die ik God noem, een ander, Chinees woord gebruiken. Ofwel: dezelfde ervaring wordt anders genoemd. Een Chinees kan dus God wel ervaren, hij noemt het alleen anders.

20 'In een gemeenschap ontstaat geloof, wat geloofd wordt, wordt "echt" doordat het in de gemeenschap wordt waargemaakt. In aansluiting op wat (...) zou ik willen stellen dat mensen niets kunnen ervaren dat niet op de een of andere manier aansluit bij het verwachtingsontwerp dat ze al hebben.' (Desiree Berendsen, *Waarom geloven mensen*, Kampen 2001, p. 174.)

21 'Ook als het over de boeg van ervaringen wordt gegooid: ervaringen het stempel van Godservaring opdrukken betekent dat je al van God wist, anders kon je er nooit dat stempel aan verlenen. Chinezen kunnen God niet ervaren, want ze zijn onbekend met God. (Harry Kuitert, *Hetzelfde anders zien*, Kampen 2005, p. 75.)

Erich Fromm zegt ergens dat een concept nooit adequaat de ervaring kan uitdrukken waarnaar het verwijst. Het wijst naar de ervaring, maar het is de ervaring niet. Dat bedoel ik: de grens tussen ervaring en verwoording kan niet in omgekeerde richting worden overgestoken.

Het taalgebruik aan de goede kant van de grens zal zich beperken tot de eerste persoon enkelvoud: wat ik over God zeg, zegt niets over God, alleen iets over mijn God. Beter nog: over míjn ervaringen die ík in verband breng met wat ík God noem.

Jouw woord 'God' zegt niets over God

Jouw God is niet de mijne. Er zijn zo veel goden als er mensen zijn. Als je naar de geschiedenis kijkt, of om je heen naar andere geloofsopvattingen, dan zie je dat het idee of het beeld van God van de ene mens voor de andere betekenisloos is. Wanneer je het woord 'God' in algemene zin gebruikt, dus niet 'mijn God' maar 'God', dan sla je maar een slag. In het beste geval verwijst spreken over God niet naar God, maar naar de spreker, respectievelijk de God van de spreker. En die ligt ook nog eens niet vast. Wat jij meemaakt of doormaakt verandert je, en naarmate jij verandert, verandert ook datgene wat je waarneemt. Je gaat als het ware met andere ogen kijken naar mensen, naar dingen, en ook naar God.

De God van een volwassene is niet die van zijn kleuterjaren of puberteit. Ieder mens is anders, elke periode in een mensenleven is anders, en daarom is onze godsbeleving ook niet statisch. God verandert, omdat wij veranderen. God trekt om zo te zeggen een leven lang met je mee: als een woord dat je niet zelf hebt verzonnen, waarvan de inhoud onderweg steeds verandert en waarvan de betekenis dus nooit vastligt. Dat begon toen anderen het in je rugzak stopten en daarna is het met je meegetrokken en op jouw manier jouw woord geworden.

Met een ander beeld: God is deel van jouw verhaal, het is een van de woorden waarmee jij je levensverhaal vertelt.

God als je eigen verhaal

Het universum is gemaakt van verhalen, niet van atomen.[22]

Als iemand je vraagt: 'Als je 's nachts wakker wordt omdat je verdrietig bent en niet meer in slaap komt, waar val je dan op terug? Hoe heb jij dat verwerkt, de dood van je partner, je scheiding?' Dan is het antwoord niet één woord of één regel die zegt hoe dat zit, maar dan vertel je een verhaal over wat er onderweg met jou is gebeurd.

Als iemand je vraagt naar je godsbeeld en hoe je daaraan bent gekomen, dan hoort hij een verhaal: in jouw godsbeeld zit ook jouw geschiedenis. Wat God voor jou betekent, is een deel van je levensverhaal. God is dus niet een woord op zich, maar deel van een verhaal dat zich een leven lang ontwikkelt en meegaat.

Jouw verhaal is nooit alleen van jou, anderen schrijven eraan mee en het wil aan anderen worden verteld. Je wordt pas mens als je 'op verhaal komt', als je jezelf vertelt. En andersom: wie je bent of hoe je eruitziet, is niet alleen in een spiegel te zien; je weet het óók of vooral uit verhalen van anderen: 'Je ziet er moe uit.' 'Dat heb je goed gedaan.' 'Ik ben het wel of niet met je eens.' Je wordt 'ik' omdat iemand anders 'jij' tegen je zegt.

Zo is het met iedereen begonnen. Door verhalen kwamen we erachter wie we zijn en wat er van ons wordt verwacht als jongen of meisje, als scholier, man of vrouw, homo of hetero, soldaat, werknemer.

Zo is het met God ook begonnen: *in den beginne* waren er ver-

22 Muriel Rukeyser, Amerikaans auteur (1913-1980).

halen over goden. Iedere stam, ieder volk had zijn eigen verhalen over het ontstaan van de mens en de aarde en over de manier waarop de goden het menselijke bestaan bestierden. Zonder verhalen kon God niet ter sprake worden gebracht. En zo gaat het nog steeds. God is een vertelde God. Wat wij van God weten, komt uit verhalen van mensen. Jij en ik hebben ooit een beeld ontwikkeld uit wat anderen geloofden, uit wat zij hebben ervaren en verteld. En zo gaat het verder: dagelijks vertellen we elkaar kleine en grote verhalen.

In eerdere termen zijn dat gebeurtenissen die ervaringen kunnen worden. We verstaan elkaars verhalen omdat we dezelfde woorden spreken. Maar we begrijpen ze pas als er iets gebeurt: als mijn verhaal door het jouwe wordt geraakt. Als jij vertelt en er gebeurt iets met mij, dan wordt jouw verhaal voor mij een ervaring. Dan word ik – onder de taal door – geraakt op mijn gevoelslaag. Verhalen raken elkaar dus niet door de woorden, maar in de ervaring eronder.

Om door jouw verhaal geraakt te worden hoef jij niet per se een levend wezen te zijn. Je mag ook iemand zijn die vroeger heeft geleefd of die alleen maar in een boek bestaat. Als dat boek mij aanspreekt, dan word ik geraakt door een verhaal over wat er met iemand onderweg is gebeurd. En om door een verhaal geraakt te worden, hoeft het niet 'echt gebeurd' te zijn. Alle grote verhalen van de wereldgeschiedenis, de *Ilias*, *Hamlet*, *Don Quichotte* enzovoort, zijn geheel of grotendeels verzonnen. En ze zouden allang vergeten zijn als mensen van vandaag zich er niet nog steeds door aangesproken zouden voelen. Je hoeft geen antieke Griek te zijn om je in de tragiek van Oedipus te herkennen. Verzonnen verhalen zijn geen verzinsels als ze een werkelijkheid verbeelden die voor jou en mij herkenbaar is.

Bijbelverhalen

Ook de bijbel is een boek met verzonnen verhalen. Als predikant zeg ik dat natuurlijk voorzichtig en dien ik niet te veronachtzamen dat er ongetwijfeld historische kernen in dat boek zitten.

Zo wordt van Mozes verteld dat hij in Midian heeft gewoond. Midian zal best hebben bestaan, misschien heeft daar zelfs ooit iemand gewoond met de naam Mozes. Maar de Mozes van de bijbel bestaat alleen maar in de bijbel. Niet als historische, maar als mythologische figuur. Als ik me herken in het verhaal van zijn reis door de woestijn, dan bestaat Mozes, voor mij. Of hij in werkelijkheid ooit heeft bestaan, doet er dan niet toe. Wat er is gebeurd, hoeft geen werkelijkheid te zijn. Wat er wordt verteld over wat er is gebeurd, is voor mij wel werkelijkheid. Het verhaal raakt mij omdat ik erin lees wat ik om me heen en bij mezelf zie gebeuren als een mens wegtrekt uit wat hem beklemt en onvrij maakt. Het is niet waar omdat het toen gebeurde, maar omdat het vandaag de dag nog gebeurt.

In de bijbel komt tientallen malen de uitdrukking voor: 'En het geschiedde.' Die heeft een hoog 'er was eens'-gehalte. Vrij vertaald betekent het: 'Nu moet je opletten, want wat hier wordt verteld, is nooit zo geschied, maar kan elk moment aan jou en mij geschieden.'

Lucas begint zijn kerstverhaal met: 'En het geschiedde in die dagen.'[23] Waarschijnlijk zullen maar weinig mensen geloven dat wat er volgt echt zo heeft plaatsgevonden. Het verhaal is niet waar omdat het gebeurd is zoals het er staat, het is waar als er door dat verhaal iets met jou gebeurt. Anders uitgedrukt: de zeggingskracht van het verhaal is belangrijker dan de historische waarheid erachter. Het was er de bijbelschrijvers ook niet om te doen ge-

23 Lucas 2, NBG.

schiedkundige informatie te verschaffen, maar een gelovige visie op het heden te formuleren.

Bijbelverhalen verklaren niet, ze analyseren niet, ze brengen in beeld wat sommige mensen hebben ervaren, wat andere hebben herkend, en waar wij ons vandaag nog steeds in kunnen herkennen. Dat de bijbel 'Gods woord' bevat, is in zijn algemeenheid dan ook een lege opmerking. De bijbel is een boek als vele andere. Natuurlijk komt het woord 'God' er vaak in voor, maar of het dan over God gaat wordt niet bepaald door dat boek, maar door de lezer. Woorden over God kunnen voor jou Gods woord worden als je erdoor wordt aangesproken. Of dat gebeurt, hangt af van de levensfase waarin je verkeert en van wat je zelf hebt meegemaakt.

Wie 's nachts weleens tobbend wakker heeft gelegen, heeft geen uitlegger nodig om het verhaal binnen te stappen van Jakob, die worstelt in de nacht.[24] Iemand anders leest er misschien overheen. Een verhaal kan je op het ene moment iets en op andere momenten niets te zeggen hebben.

Als je je in een bijbelverhaal herkent, dan breekt het als het ware open en brengt het je in contact met je eigen bestaan, de mensen die erin voorkomen worden spiegels van jezelf. Je herkent je eigen ervaringen en soms worden ze erdoor verhelderd. Dat kan inspirerend en soms ook troostend zijn: zo gaat dat bij mij ook, ik ben niet de eerste die dit meemaakt.

In mijn geval gebeurt dat met Mozes. Als ik zijn verhaal lees, stap ik er vanzelf in. Dat ik nog nooit in een woestijn ben geweest, zit me daarbij niet in de weg; als ik naar mijn eigen leven kijk, en dat van anderen, dan herken ik Mozes: sjokkend door de woestijn, op weg van niet-goed naar anders, beter. Hij heeft God ervaren als wat hem meetrok, hij liet zich erdoor leiden, niet lijdzaam, heftig in verzet soms, boos, verdrietig. Soms voel ik me – net als

24 Genesis 32.

hij – gedragen en soms heel alleen in die woestijn. Zijn onderweg-ervaringen zijn als de mijne. Het 'decor' van het verhaal valt dan weg of doet er niet meer toe. Dan is woestijn niet een aardrijkskundige aanduiding, maar de benaming van een situatie waarin iemand op de proef wordt gesteld door de onherbergzaamheid en de ondoorzichtigheid van het leven. Dan ligt Egypte (letterlijk 'doodsland') niet aan de Nijl, maar overal waar leven geen leven is. Dan ligt het beloofde land niet ergens in het Midden-Oosten, maar overal waar mensen hun best doen om menswaardig te leven en te laten leven. En dan is de Rode Zee niet een groot water, maar een directe vraag: voor welke Rode Zee sta ik?

Dat kan voor iedereen anders zijn. Een verhaal heeft je alleen iets te vertellen als er een snaar in je binnenste wordt geraakt, als je er iets van je eigen levensverhaal in herkent. Daarom is er – zo sprak de dominee – ook niemand die van buitenaf iets kan zeggen over wat een verhaal voor jou betekent, omdat er alleen vanuit jouw eigen ervaring iets over kan worden gezegd. Alleen door jou dus.

Bijbelverhalen vertellen wat er gebeurt met mensen die onderweg zijn van geboorte naar dood. Met alles wat daarbij hoort: liefde, haat, trouw, bedrog, vreugde, verdriet, ziekte, hoop, angst, verlangen. En tussen al dat wel en wee gebeurt God soms. Het zijn verhalen over hoe God kan gebeuren in wat er met en tussen mensen gebeurt.

Of je dat ook zo ervaart en benoemt, hangt van je rugzak af, van wat er onderweg met jou is gebeurd. Als een van die verhalen je aanspreekt, dan wordt het jouw verhaal, dan kom je er zelf in voor en ben jij degene over wie wordt verteld. Zo'n verhaal blijft je letterlijk bij: het gaat mee in je rugzak op jouw weg van geboorte naar dood. Zo trekken dat verhaal en hoe God daarin gebeurt met je mee.

God als ‘wat met mensen meetrekt’

De bijbel gebruikt voor God dezelfde beeldspraak: wat met mensen meetrekt. Exodus 3, het verhaal waarin God zich ‘voorstelt’, getuigt daar al van: ‘Ga maar, dan ga ik met jullie mee’ (de woestijn, het leven in).

De naam van God is onlosmakelijk verbonden met mensen die in beweging komen. Dat dynamische wordt verderop in het verhaal treffend verbeeld door een wolk- en vuurkolom: ‘De wolk ging voor hen uit.’[25]

Haarfijne intuïtie: als je blijft zitten waar je zit, zal er niets gebeuren. Maar als je wegtrekt, stappen zet, zal blijken dat er iets met je meetrekt.

Ook elders in de bijbel blijkt God heel beweeglijk. Aan het begin al, in Genesis 1: ‘De aarde nu was woest en ledig, en duisternis lag op de vloed. En de geest Gods zweefde over de wateren.’[26] Er bestaat niet iets, er zwééft iets. Ofwel: God is niet aan een bepaalde plaats gebonden, ‘is’ niet ergens.

En het zal niet voor niets zijn dat van Jezus wordt verteld dat hij ergens onderweg werd geboren, hoe hij langs steden en dorpen ging en naar Jeruzalem trok. En dat er in de evangeliën telkens wordt gezegd dat mensen worden ‘uitgezonden’, op pad gestuurd. Een en al beweging!

25 Exodus 13:21. Letterlijk staat er: ‘De Heer ging voor hen uit om hun de weg te wijzen, overdag in een wolkkolom, ’s nachts in een lichtende vuurzuil’ (NBV).

26 Genesis 1:2, NBG.

God gebeurt

Daarom kun je beter niet zeggen dat God bestaat, maar dat God 'gebeurt'. Of, voorzichtiger: kan gebeuren. Ook de term 'aanwezigheid' zet je op het verkeerde been. Alsof er om je heen of in jezelf iets zit waarvan jij je bewust moet of kunt worden. Het woord 'God' is ook niet afgeleid van een zelfstandig naamwoord, maar van een werkwoord: 'Ga maar, dan ga ik met je mee.' Anders gezegd: God bestaat niet, maar kan ont-staan, en God 'is' niet, maar zal of zou er kunnen zijn.

A manager shows his skills through his people.[27]

Áls God gebeurt, dan gebeurt dat niet zonder mensen. Ofwel: als het niet over jou of mij gaat, kan het niet over God gaan. Dat houdt God ook met beide benen op de grond. Het mag dan waar zijn dat God 'boven mensen uitgaat', maar als daar een punt achter wordt gezet, blijft het letterlijk 'in de lucht' hangen als een wat mistig, soms ook wat gemakzuchtig waas van woorden. Zo letterlijk moet je dat zweven in Genesis 1 nu ook weer niet nemen.

Het staat zo prachtig in dat éne zinnetje: 'Gezien en gezien heb Ik de ellende (...) ik daal af om hen te bevrijden uit de macht van Egypte.'[28] God 'daalt af', heeft mensen nodig om God te kunnen zijn.

'Ga maar, dan ga ik met jullie mee.' In de naam is de afstand tussen God en mens als het ware al overbrugd. Zo wordt God dus ervaren, als de mens nabij. Waar geen mensen zijn, gebeurt God niet. God gebeurt bijvoorbeeld niet in de natuur, die trekt zich van God noch mens iets aan. Achter 'God gebeurt' hoort een

27 Tekst aan de wand van het kantoor van mijn baas bij Rank Xerox, Amsterdam 1973.

28 Exodus 3:7,8, EV.

komma, en achter de komma horen mensen. Geloven staat niet los van anderen.

Een van de grootste misverstanden als het over 'geloven' gaat, is denken dat het 'helpt', dat het iemand minder afhankelijk maakt van mensen: 'Het is wel heel erg voor hem, maar hij heeft gelukkig veel steun aan zijn geloof.' Dat mag je wel van jezelf denken of zeggen, maar niet van iemand anders. Hoe overtuigder de omgeving ervan is dat hij het wel redt, hoe minder die omgeving zich zal inspannen om er zelf aan bij te dragen dát hij het redt. Maar hoe gelovig hij ook is, zonder die omgeving zal hij het niet redden. Zonder menselijke medewerking is God nergens.

Ook in de bijbel gaat het nergens om 'God op zich', maar steeds om wat er gebeurt in de geschiedenis van mensen. Het is altijd de God van Abraham, van Jeremia, van Job enzovoort. God is niet een onpersoonlijk decor of een onbewogen beweger. Als het woord valt, zijn er mensen bij betrokken die daar 'iets mee moeten (doen)'.

Zo kun je dat nog steeds zeggen: God gebeurt als mensen doen wat de bijbel over God zegt. Jezus zei het, met een citaat uit Leviticus[29], letterlijk: 'Wees dus volmaakt, zoals jullie hemelse vader volmaakt is.'[30] Ofwel: mensen moeten zijn als God. Als mensen doen wat de bijbel over God vertelt, dan wordt waargemaakt wat 'Ik zal er zijn' betekent, dan gebeurt God. Jezus zelf werd wel Immanuel genoemd: God met ons. Raker kan bijna niet: als je God zoekt, moet je bij mensen zijn.

Geen God zonder mensen dus. Dat is iets anders dan dat God 'niet buiten mensen om gaat'. Dat is naar mijn mening namelijk precies de kern: God gaat wél buiten mensen om. Ik kom daarop

29 Leviticus 19:2.
30 Mattheüs 5:48, NBV.

terug, maar loop er nu op vooruit om iets te zeggen over 'God ín mensen'.

Mijn inspiratie ontbrandt aan een punt dat buiten mij ligt.[31]

God in mensen?

Het kan, zoals gezegd, niet over God gaan als het niet over jou en mij gaat. Dat betekent niet dat God zich ín jou of mij bevindt, of dat er in mensen zoiets als een 'goddelijke vonk' zou zitten. Dan sluit je God op, en daarmee schaf je – voor zover je die had – je eigen definitie van God af. God 'bevindt zich' of 'is' niet ergens.

Ik weet het, 'God in mensen' is een wijdverbreid godsbeeld, maar het berust op een oud en taai misverstand. Het is minstens zo oud als de gnostiek[32] en nog zo levend als new age. Daarover is door anderen genoeg geschreven, ik beperk me tot de gevolgen en de misverstanden.

Een van de gnostische beelden ziet God als een verspreid geraakte geest- of lichtsubstantie. Die verspreiding gaat waarschijnlijk terug op een explosie, vandaar de 'vonk'. In ieder mens zit zo'n vonkje en het is de bedoeling je daarvan bewust te worden om God te leren kennen en zo verlost te worden. Het is een aantrekkelijk beeld, omdat het ver verwijderd is van kerkelijke somberheid. De kerkleer wordt nog altijd geïnspireerd door de 'erfzonde': de mens is in de kern slecht, omdat Eva het vroeger in het paradijs verbruid heeft; verlossing kan alleen dankzij en door Jezus Christus, maar reken er niet te vast op.

De populariteit van God in mensen, ook bij christenen, is be-

31 Paul Klee, Duits-Zwitserse kunstschilder (1879-1940).

32 Filosofisch-godsdienstige beweging in de eerste eeuwen van het christendom. Omdat zij met hun nadruk op gnosis (kennen) afweken van de kerkelijke verlossingsleer, werden zij beschouwd als ketters en vervolgd.

grijpelijk: vroeger werd God boven en buiten ons gezocht, maar daar was hij niet. Zou hij dan niet…? Nee, wel een beetje afstand houden. Als God in jou zit, valt er niet meer te bidden en moet je ook nogal wat kunstgrepen uithalen om het kwade te verklaren. En hoe moet ik je voortaan aanspreken? Kuitert voegt daar nog vriendelijk aan toe dat je dan ook de definitie van de mens zou moeten bijstellen: 'Als je de mens een component van goddelijke kwaliteit toekent, dan is hij eigenlijk geen mens meer.'[33] Chesterton was honderd jaar geleden minder barmhartig: 'Van alle afschuwelijke godsdiensten is de afschuwelijkste de vereering van den god in het eigen binnenste. Dat Jansen den god in zijn binnenste moet vereeren, blijkt in laatste instantie te beteekenen, dat Jansen Jansen moet vereeren.'[34]

Hoe mooi en verleidelijk het soms ook wordt geformuleerd – God als de bron van onze mogelijkheden om toegewijd en liefdevol te leven, als de bron van het goede dat wij in ons hebben, als het beste in onszelf, als de vurige binnenkant van ons eigen bestaan – en wat er ook allemaal in ons mag zitten, het wordt pas God als het eruit komt. Of, om in het beeld te blijven: als er al iets 'goddelijks' in mensen zou zitten, dan lijkt dat meer op een aanmaakblokje dan op een vonk. Zo'n blokje brandt niet uit zichzelf, maar moet eerst door iemand worden aangestoken. De 'vonk' moet van buiten komen. Dus als het blokje ontvlamt, dan brandt er een vuurtje in jou dat niet alleen van jou is, maar dat er niet kan zijn als jij er niet bent.

33 H.M. Kuitert: *Schiften*, Kampen 2004, p. 117.

34 G.K. Chesterton (Engelse letterkundige, 1874-1936): *Orthodoxie*, Amsterdam 1934, p. 131.

God tussen mensen?

'Ik heb altijd aangevoeld dat als ik in een ziekenhuis was, een bejaardenhuis, of op een plaats waar zieken werden verzorgd (...) ik God bezig zag.'[35]

Tússen mensen kan het wel degelijk vonken. Als er in een ontmoeting iets 'gebeurt', dan is dat eenvoudig vast te stellen: je wordt er warm van. Dat is niet uit één mens afzonderlijk te verklaren, zonder de ander gebeurt het niet.

Eén plus één is soms méér dan twee, en dat méér zou je misschien heel voorzichtig God kunnen noemen. God ontbrandt dan als het ware aan het verkeer tussen mensen. En tússen is niet ín, maar búíten. Vergelijk het maar met liefde: dat is niet van mensen, maar zonder mensen is het niks: liefde komt en gaat door mensen. Het is 'iets wat groter is dan wijzelf en zonder ons is het niets'. Als ik al een definitie van God zou moeten geven, dan komt deze er wel heel dichtbij. Met een klassiek beeld is God dan de verticale dimensie van het horizontale verkeer tussen mensen.

In het 'buitenkerkelijke religieuze circuit'[36] komt de term 'Hoger Zelf' voor. Er wordt – maar dat is natuurlijk een beeld – van uitgegaan dat een mens een middelpunt heeft, een 'plekje' waarop jij alleen jij bent, los van alles wat je in beslag neemt of bezighoudt, zeg maar de plek waar je geen contact hebt met je zorgen, je plannen, je pijntjes, je horloge, de geluiden om je heen. Als je daar niet bent, ben je ergens door afgeleid, kun je bijvoorbeeld

35 Opgetekend uit de mond van Jan Lokerse (1953-1995), die in de verpleging werkte en lid was van de Koorkerkgemeenschap te Middelburg.

36 Ook wel 'het alternatieve circuit' genoemd. Beide termen worden binnenkerkelijk soms uitgesproken alsof het iets onsmakelijks betreft. Voor mij niet, ik heb er met veel genoegen van geproefd en heb er uiteindelijk mijn predikantschap aan te danken.

ook niet naar iemand luisteren, heeft het ook geen zin om te bidden enzovoort. Alleen vanuit dat middelpunt kun je een horizontaal lijntje leggen naar andere mensen, respectievelijk een verticaal lijntje naar God. En de theorie spreekt dan niet over God, maar over je Hogere Zelf.

Maar waar eindigt je Hogere Zelf en begint God? Weet een mens waar hij zelf ophoudt en waar God begint? De vraag naar het verticale lijntje kan naar mijn idee alleen maar worden beantwoord door het leggen van het horizontale lijntje.

De apostel Paulus zou het daar wel mee eens zijn geweest: 'Mensen kwamen Paulus tegemoet, en toen hij hen zag, dankte hij God en vatte moed.'[37] Hij ziet alleen maar mensen, maar hij dankt God. Precies.

Een atheïst zal hier misschien tegenwerpen: daar is God toch niet voor nodig, dat is toch gewoon verklaarbaar uit mensen? Zeker. Wat de één goddelijk noemt, beschouwt de ander als diepmenselijk. Als je het 'gewoon' vindt dat iemand zich jarenlang van alles ontzegt om voor een zieke te zorgen, dat mensen zich belangeloos inzetten voor vluchtelingen, dat iemand in het water springt om een onbekende te redden, dan heb je het woord 'God' niet nodig.

Maar ik vermoed toch dat het bij dit soort gelegenheden is ontstaan. Als dat niet zo was, als die term gereserveerd dient te worden voor het Hoogverhevene, dan zie ik niet in hoe het ooit iets met het dagelijkse, aardse leven van mensen te maken heeft gehad of te maken kan hebben. En dan kan ik ook niet verzonnen krijgen hoe mensen ooit het woord 'God' verzonnen kregen.

37 Vrije vertaling van Handelingen 28:15. Letterlijk staat er: 'En vandaar kwamen de broeders, die van onze aangelegenheden gehoord hadden, (...) ons tegemoet, en toen Paulus hen zag, dankte hij God en greep moed.' (NBG)

Waar mensen niet werkelijk bij elkaar betrokken zijn, niet proberen om voor elkaar mens te zijn, hoef je het niet over God te hebben. Maar waar mensen toegewijd willen zijn aan elkaars eigenheid en kwetsbaarheid, daar kan het, daar kan God gebeuren. Waar anders? Als ik het in jou niet zie en jij niet in mij, wat valt er dan nog te geloven?

Zo kan God gebeuren als het 'buitengewone in het gewone'. Soms gaat wat 'gewoon' tussen mensen gebeurt mensen te boven: op momenten waarop ze van hun eiland komen en voor elkaar opengaan, wanneer eenzaamheid wordt opgeheven, wanneer verdriet wordt gedeeld. En als God ergens te bespeuren zou zijn, zou dat dan ergens anders zijn dan in de gevoeligheid voor andere levende wezens, in menselijke nabijheid?

God zonder mensen?

Het kan dus niet over God gaan als het niet over jou of mij gaat. Maar moet het ook per se over jou én mij gaan? Die indruk wordt gewekt door onder anderen Harry Kuitert en pater Jan van Kilsdonk: dat God 'zich' openbaart in de ander, of dat God als het ware 'ontspringt' aan het verkeer tussen mensen. Waaraan dan soms nog wordt toegevoegd dat er alleen sprake is van God wanneer de ene mens door de andere in zijn nood of behoefte wordt aangesproken.

Zo schrijft Kuitert dat hij zich maar één ervaring te binnen kan brengen die zich daarvoor kwalificeert: 'De hulproep van een mens die op mijn weg is gekomen.' Het overkomt een mens daarin, en alleen daarin.[38] Anders gezegd: God gebeurt in de ontmoe-

38 Harry Kuitert, *Voor een tijd een plaats van God*, Baarn 2002. Ik citeer vrij omdat ik het woord 'transcendentie' wil vermijden. Letterlijk schrijft Kuitert: 'Zich aangesproken voelen door mensen die ons nodig hebben (...) heeft de kracht van transcendentie. Het is transcendentie die een mens daarin, en alleen daarin, overkomt' (p. 169).

ting tussen mensen, van een soort inslag van boven is geen sprake. Wat mij betreft is daar geen speld tussen te krijgen.

En hetzelfde geldt voor wat ik lees bij pater Jan van Kilsdonk: 'Wanneer ik je aankijk, of liever: wanneer jij mij aankijkt (...) als je blik vraagt om een stuk herkenning, om een kleine dienst, maar die de kern van je menszijn raakt, dán is die blik een onweerstaanbaar of liever een onontkoombaar appèl op mij, dan komt die blik naar mij over als een volstrekte imperatief. En in de mate waarin ik mij sluit en mijn oog afwend van dat appèl, in diezelfde mate voel ik mij vervreemden van mijn menszijn. Die blik is de plek van de openbaarwording van God. God is nergens anders. Overal elders waar ik God zou zoeken, is een alibi, een ontsnapping, een verdoving.'[39]

Daarmee is door beiden voorgoed afgerekend met enige toespeling in de richting van een bovennatuurlijk wezen. Er zit ook geen mysterie achter ons bestaan. Helemaal mee eens. Maar daar waar Kuitert en Van Kilsdonk een punt zetten, staat bij mij een komma. Er zit niets áchter ons bestaan, komma, ons bestaan zélf is een mysterie. En dat aspect doen ze naar mijn mening allebei tekort. Religie wordt door hen teruggebracht tot appèl, en God wordt gereduceerd tot respectievelijk de roep of de blik van de ander.

Ik wil daar niets aan afdoen – het klopt met wat ik onder de verticale dimensie van horizontaal mensenverkeer versta, en het onderstreept ook dat God niet 'is' of bestaat, maar er telkens weer zal moeten blijken te zijn – maar ik wil er iets aan toevoegen. Het 'alleen daarin' en 'nergens anders' zit me net te strak, er moet iets bij. Ik laat liever de mogelijkheid open dat mensen God kunnen ervaren, zonder dat er een woord valt of zonder dat daar direct een ander mens bij komt kijken. Dan hoef ik ook niet af te haken

39 Jan van Kilsdonk, *Gezegend de onzienlijke*, Kampen 1988, p. 180-181.

als ik bij mystici lees of van Bachliefhebbers hoor over hun religieuze ervaringen. En ik heb te veel gehoord om geen ruimte te laten aan verhalen van mensen waar ik alleen maar stil van kan worden.

Als iemand zegt: 'In de nacht vóór de operatie werd ik gerustgesteld, was het alsof er een stem tot me sprak,' dan heb ik niets te zeggen. De beoordeling van het godsgehalte van andermans ervaringen overstijgt mijn godgeleerde competentie. Soms is mijn laddertje te kort om te verklaren hoe bijvoorbeeld een gevoel van geborgenheid of aanwezigheid sterker kan zijn dan angst of onrust.

Als iemand zegt: 'Dominee, ik ben blij dat ik mijn geloof heb, daar heb ik zo veel steun aan,' dan vind ik het eerder ongepast dan adequaat om daar anders dan met een welgemeend 'amen' op te reageren. En de zogenaamde kenners die zulke ontboezemingen verklaren als uitingen van al dan niet door neuronen aangestuurde autosuggestie, raad ik een dagje Efteling aan.

Hier is ook wel de grens bereikt tot waar de een voor de ander kan spreken. En daar waar geen woorden zijn, zijn al helemaal geen antwoorden.

God als antwoord

Alleen onbelangrijke vragen hebben een duidelijk antwoord.[40]

Van religies wordt beweerd dat het van oudsher pogingen zijn om antwoorden te geven op de vragen van het menselijk bestaan. Dat klopt in zoverre dat daarmee duidelijk is dat religie mensenwerk is: mensen geven die antwoorden. Maar het lijkt me iets te hoog ingezet, en ook logisch dubieus: je kunt wel een poging wagen, maar levensvragen heten niet voor niets 'vragen'. Het woord 'levensantwoord' komt in Van Dale niet voor. Levensvragen kunnen alleen worden geleefd. En de werkwoorden die daarbij passen, zijn eerder zoekend en tastend dan bevestigend of beantwoordend.

Waarom is er wat er is, wat is de zin ervan? Waarom ben ik er, wie ben ik eigenlijk, waar leef ik voor en waarvan, waar word ik gelukkig van en waarvan niet? Ieder mens, of hij zichzelf nu als gelovig beschouwt of niet, stelt zich die vragen en zoekt in zijn leven naar houvast in een onduidelijke en soms bedreigende wereld. Hoe ga ik om met teleurstellingen, liefde, dood, anderen? Is er iets wat mijn bestaan draagt, of stuurt? Wat valt er op deze wereld te geloven, te hopen, lief te hebben? En wat heeft God daarmee te maken? In al die vragen vinden religies en godsdiensten hun oorsprong. En verder zullen ze nooit komen.

Daarom is geloven ook nooit gemakkelijk, er zit altijd een brede rand omheen van niet-weten, van twijfel of leegte. Dat bedoel

40 Eric-Emmanuel Schmitt, *Oscar en Oma Rozerood*, Amsterdam 2004, p. 82.

ik niet als reclame in de zin van 'als je het niet weet, dan zit het wel goed', maar andersom, 'als je denkt dat je het wel weet, dan zit je goed fout'. Of in elk geval niet goed.

Het rotsvaste, blijmoedige geloof dat in sommige opgewekte kringen wordt gepresenteerd, is hooguit één kant van de gelovige medaille. Voor de meeste mensen is geloven iets anders dan het beschikken over een pakket zekerheden of een systeem van waarheden. Geloven verandert er niets aan dat het leven onduidelijk is.

Dat is juist het risico van volwassen geloven: voor weggevallen vanzelfsprekendheden komen geen nieuwe in de plaats. En je vertrouwen wordt vaak genoeg aangevochten en beproefd. Je zult het telkens moeten heroveren op je twijfels, op de vraag wat het uithaalt, of het niet toch allemaal illusie is. Trouw blijven aan je eigen innerlijk, aan wat je op je beste momenten hebt ervaren of gezien, dat gaat bij niemand vanzelf.

Geloven is ook, of misschien vooral: het uithouden met vraagtekens, ze onder ogen zien en durven leven met onzekerheid en onduidelijkheid. Misschien kan geloven pas beginnen nadat je afscheid hebt genomen van antwoorden. Waarom moet ik naar school, waarom moet ik mijn tanden poetsen, waarom moet ik in God geloven? Omdat mijn ouders en de juf dat zeggen. Maar als je volwassen wordt en op zoek gaat naar wat bij jou past, dan is het hoogstonwaarschijnlijk dat dat hetzelfde is als wat bij je ouders hoorde.

Dat geloven iets te maken heeft met antwoorden krijgen op vragen, is een misvatting die stamt uit de tijd van de catechismus. Het spijt me voor de catechismus, maar volwassen geloven is nou juist: ontdekt hebben dat het anders is dan je werd geleerd, en dat antwoorden je misschien wel verder van God afhelpen dan vragen. Of andersom: dat God in de vraag misschien wel dichterbij komt dan in stelligheden of zogenaamde waarheden.

Niemand weet hoe het leven in elkaar zit en hoe God daar ergens tussen zit. Leven is nu eenmaal leven met open vragen. Antwoorden zijn maar al te vaak bezweringen. De vragen die het leven openlaat, zijn ook met behulp van God niet te beantwoorden.

Adam, waar ben je?[41]

God is dus nergens een antwoord op.

'Waarom, God, waarom?' Dat is de laatste vraag van Jezus. Maar er komt geen antwoord. Jezus sterft met een vraag op zijn lippen. 'Mijn God, waarom heb je me verlaten?' God geeft geen antwoord. Nee, de God die zou kunnen antwoorden, bestaat niet. En de God in wie je misschien graag zou willen geloven, heeft hier niets te zeggen.

Dan is God zelf een vraag geworden. Niet het antwoord op onze vragen, maar de vraag om ons antwoord. Uiteindelijk gaat het om jouw en mijn antwoord op de vraag of je hoop en vertrouwen kunt ontlenen aan wat je in je leven hebt ervaren en toegelaten. Of je met de inhoud van je rugzak het leven aankunt, en uiteindelijk ook de dood. Het antwoord op die vraag gééf je niet, maar lééf je.

Geloven is: ervan doordrongen zijn dat het leven iets van jou vraagt, en dat áls er al een antwoord mogelijk is, je dat zelf bent. Ofwel: achter God staat nooit een punt, maar een komma. En achter die komma sta jij. Staan wij.

41 Genesis 3:9, EV.

3.

Atheïst én predikant: hoe doe je dat?

Als God niet bestaat, wat heb je dan als predikant, als 'dienaar van het goddelijk woord' over God te zeggen? De vraag wordt me vaak gesteld: hoe doe je dat in kerkdiensten, hoe ga je om met de bijbel, de liturgie, met bidden? En je staat toch in een christelijke traditie, hoe beweeg je je daarin? Hoe hanteer je het gegeven dat niet iedereen in je gemeente er net zo over denkt als jij, hoe ga je om met ziekte, met dood, hoe kun je troosten? En de meest gestelde vraag: wat heb je in de kerk nog te zoeken, waarom stap je er niet uit?

In dit hoofdstuk zal ik proberen antwoord te geven op deze vragen. Daarvoor begin ik met een nadere kennismaking die licht laat schijnen over mijn beweegredenen. Vervolgens ga ik in op het spreken over, van en met God, waarbij ik begin met spreken óver God.

In mijn kerkdiensten gaat het altijd over God. Maar het is geen uitgangspunt. Bij God beginnen is net zo abstract en zinloos als een gesprek beginnen over 'het leven'. Wat mij betreft is het verkeer andersom: uitgaan van jouw en mijn leven. Misschien komt God dan 'ter sprake'. Anders gezegd: in wat er met en tussen mensen gebeurt, kan God 'aan het woord' komen. Ook voor de bijbel geldt die tegengestelde richting: ik leg geen bijbelverhalen uit, althans niet als uitgangspunt. Als ik het anderen hoor doen, vind ik het meestal saai en word ik er niet veel wijzer van dan dat ik weer ben bijgelicht over vroeger. Nee, andersom graag: als God in het nu ter sprake komt, kom ik vanzelf wel terecht bij hoe er vroeger over God is gesproken en hoe God zelf 'aan het woord' is geweest. De bijbel dient zich dan meestal vanzelf wel aan.

Zo kom ik bij spreken ván God. Op veel plaatsen staat in de bijbel dat 'God sprak'. Dat zal, wil je volhouden dat God niet bestaat, moeten worden vertaald. Dat zal ik doen aan de hand van het begrip 'openbaring'. Dat is, net als alle woorden in en over de bijbel, mensentaal: God heeft nooit gesproken, het zijn mensen die over God spraken en spreken. Dat kan niet anders dan met gewone alledaagse mensenwoorden, en dan wordt het: symbolisch spreken over God. En omdat mensen personen zijn, kan dat niet anders dan op een 'persoonlijke' manier. Dat is iets anders dan dat God een persoon zou zijn.

Het moeilijkste komt daarna: spreken mét God. Als God niet bestaat en dus geen persoon is, wat is er dan nog te bidden? Eigenlijk niets. Ik zou dat woord liever afschaffen, omdat de gangbare betekenis onlosmakelijk vastzit aan God als een op z'n minst luisterende persoon. Maar zonder het woord 'bidden' wordt het wel erg ingewikkeld om iets over bidden te zeggen. In die worsteling zal ik ook stil gebed, voorbede en het Onze Vader betrekken. Ik zoek naar andere vormen en een andere inhoud van wat onder bidden wordt verstaan. En vooral, of toch: naar andere woorden, naar taal die niet anders dan letterlijk kan worden opgevat.

Ten slotte: een predikant is behalve voorganger ook pastor, of herder. De nomadische associaties die aan dat woord kleven, maken het wat mij betreft in deze tijd al onbruikbaar, maar ik sluit me vooralsnog aan bij het heersende spraakgebruik. Als pastor is de 'setting' anders: ik ben niet de spreker, maar de luisteraar of gesprekspartner. Ik wil dat blanco doen, liefst gewoon Klaas zijn. Natuurlijk, als ik alleen maar Klaas zou zijn en geen dominee, was me niet gevraagd om te komen. Maar ik wil graag elke suggestie vermijden die in de richting gaat van een predikant die iets 'bij zich' zou hebben of over antwoorden zou beschikken. Daarom heb ik, behalve mijn bril, geen bagage. Ook geen bijbel.

Waar doe ik zo mijn best voor? Om niet een verwachtingspatroon te bevestigen waaraan een predikant niet kan beantwoorden. Die verwachting ligt bijvoorbeeld al in de vraag: 'Kun jij troosten?' Alsof een predikant over iets 'beschikt', of iets heeft aan te reiken 'namens'. Wie weet wat verdriet is, weet ook dat het door niemand kan worden weggenomen, het is er. Het kan wel worden 'gedeeld' en misschien een beetje 'meegedragen'. Troost is vooral: het verdriet er laten zijn en serieus nemen. Daar is menselijke aanwezigheid en nabijheid voor nodig. Dat onderscheidt mij niet van enig ander, en dat bedoel ik met 'Klaas'. De setting is anders, het uitgangspunt is hetzelfde: God komt wel ter sprake. Of niet. Mijn bezoekervaring is dat theologische vragen marginaal zijn. Ze worden wel gesteld in de zin van 'wat bedoelde je met...', of 'wat wordt er bedoeld met...', maar ze zijn op zichzelf geen aanleiding voor het gesprek. Niet God staat op de agenda, maar het leven van die ander. Dat ik, op basis van mijn bijbeldeskundigheid, de levensverhalen van mensen zou kunnen spiegelen aan bijbelverhalen, vind ik boekentaal. En riskant: wie ben ik dat ik jou op zo'n spoor zet? En waar leidt dat spoor naartoe? Naar troost?

Maar goed, ik zou antwoorden geven en nu zit ik vragen te stellen. Ik zal de (troost)vraag uiteindelijk toespitsen op 'God en dood'.

Nadere kennismaking

De kennismaking aan het begin van dit boek eindigde bij de aanvang van mijn predikantschap in de vrijzinnige gemeente van Zierikzee en de Koorkerkgemeenschap in Middelburg. Van het begin af aan heb ik me er thuis gevoeld en heb ik veel ruimte gekregen om het 'anders te doen'. In het kerkelijke landschap eromheen ben ik altijd een 'vreemdeling in Jeruzalem' geweest. In 1984 woonde ik voor het eerst een classisvergadering[1] bij. Het was ook de laatste keer; sindsdien ben ik 'met stilzwijgende kennisgeving afwezig', met steun van mijn gemeenten.

Als predikant was en ben ik, tegen wil en dank, in hoge mate een doe-het-zelver. Voor wie niet gelooft dat God bestaat, is er nauwelijks of geen materiaal beschikbaar. Ik zocht en vond wat dat betreft mijn heil in katholieke kringen, leerde enkele priesters kennen en werd een goede klant van uitgeverij Gooi & Sticht. Tijdens de zoektocht woonde ik in Deventer een paasweekend bij onder leiding van Loed Loosen, pater en jezuïet. Ik hoorde iemand spreken die mijn gevoel en mijn denkbeelden verwoordde op een manier waarop ik het zelf niet kon: scherpzinnig, subtiel, 'vroom' en broodnuchter (ik herinner me zijn eerste woorden op Goede Vrijdag: 'Een moord op een onschuldig mens kan tot niets goeds leiden'). Het werd een lang en uiteindelijk vriendschappelijk contact. Met diep respect denk ik terug aan de manier waarop hij zich staande hield in de mangel tussen 'Rome' en de wereld waarin hij leefde. Hij leed eronder, vocht ermee en bleef overeind.

1 Een classis is een regionaal verband van kerkelijke gemeenten.

Hij heeft me, vooral maar niet alleen als theoloog, mede gemaakt tot wie en wat ik ben. Wie hem heeft gekend, zal in dit boek zeker af en toe zijn 'echo' horen, zijn glimlach zien, en – naar ik vrees – ook zijn hoofdschudden.

In eigen kring kon ik intussen maar moeilijk aansluiting vinden. Ik neusde rond in de georganiseerde vrijzinnigheid en verbaasde me erover dat er inhoudelijk zo weinig verschil was tussen de toenmalige Nederlandse Protestantenbond, Remonstrantse Broederschap en Vereniging van Vrijzinnige Hervormden. Men beraadde zich toen al (dat proces is bij mijn weten nog niet gestopt) vrijwel permanent op de eigen identiteit, waarbij elke vorm van samengaan al op voorhand was uitgesloten. In 1986 uitte ik mijn verbazing in een open brief aan de respectieve hoofdbesturen onder de titel 'Jullie zijn één pot nat, alleen de nestgeur verschilt', met als aanbeveling sprayen en fuseren. De reacties kwamen kort samengevat neer op: 'We kunnen wel zien dat je uit het bedrijfsleven komt, je komt er nog wel achter dat het hier heel anders gaat.' Ik ben er inmiddels achter: in het bedrijfsleven zitten mensen in het algemeen niet aan hun stoel vastgekit.

Ik herinner me een 'positiespel' tijdens een bijeenkomst van vrijzinnige voorgangers. De deelnemers werden uitgenodigd om te gaan staan bij een van de drie standpunten die op grote witte vellen waren geschreven die op de grond waren gelegd. Zo vormden zich drie groepen. Ik stond alleen bij de deur.

De vraag van toen is er nog steeds: hoor ik hierbij, wil ik hierbij horen? Ja en nee. 'Ja' tegen het predikantswerk in een gemeente, 'nee' tegen een instituut dat niet in voorwaartse richting in beweging te krijgen is. Het 'ja' kan ik eigenlijk maar op één manier toelichten: als ik 's morgens wakker word, is het altijd 'ik mag weer' en nooit 'ik moet weer'.

En 'het werkt'. In mijn gemeenten kon en kan ik iets betekenen voor mensen. Niet in de laatste plaats voor degenen die moeite hebben met de manier waarop zij het vroeger hebben geleerd, maar die niet overwegen om uit de kerk te stappen. Zij hunkeren vaak naar 'anders' en zijn open voor 'zo hoeft het niet, het kan misschien ook zo'. Ik heb geleerd dat zinzoekers geen antwoordzoekers zijn, dat mensen niet geholpen zijn met antwoorden die ze uit zichzelf niet zouden vinden. Meer vragen dan antwoorden dus, en dat werkt.

Het werkt ook bij mij. Het was en is niet altijd makkelijk. En of het werkt, blijkt pas als het erop aankomt. Een predikant is ook een mens, en een gelovige. Maar het is nu eenmaal zijn lot om in voorbeeldfuncties te worden geperst, schietschijf te zijn voor allerlei projecties, en geliefd onderwerp van roddel. Bij moeilijkheden in de privésfeer of, in mijn geval, complicaties in de relationele sfeer kan dat onbarmhartige proporties aannemen. Met name het gevoel 'iedereen vindt er wat van en niemand zegt er wat van' kan wurgend zijn. 'Afharden' is niet de manier. Misschien wel om staande te blijven, maar niet om als predikant te kunnen functioneren; met eelt op je eigen ziel is die van anderen onbereikbaar. God mag dan niet bestaan, hij heeft in moeilijke tijden nogal eens op mijn stoep gestaan. Soms met een bloemetje, soms om een kaartje door de bus te gooien, soms om te vragen of er koffie was. Als ik ooit heb gevoeld wat ik hiervoor 'volwassen afhankelijkheid' heb genoemd, dan was het toen.

Wanneer ik 's avonds in bed de band van de afgelopen dag terugspoel, moet ik vaak aan Exodus 33 denken, het verhaal waarin Mozes God 'van achteren' mag zien. En vrijwel altijd kan ik het beamen: ja, zo ging het vandaag ook. Er is niet een moment geweest waarop ik heb kunnen zeggen: 'Hier is God,' maar hij was er. En als ik 's morgens wakker word, reken ik er al een beetje op dat het vandaag weer zo zal gaan. Dat gebeurt niet elke dag, maar vaak genoeg om erop te vertrouwen, erin te geloven. Hoe zou ik anders zonder 'bagage' een ziekenhuis kunnen binnenlopen, of een sterfhuis durven binnengaan? 'Ga maar, dan ga ik met je mee.'

Het werken in de gemeente is voor mij altijd een vreugde geweest en gebleven. 'Wrikken van binnenuit' aan het taalgebruik, de rituelen, de niet-bevraagde vanzelfsprekendheden is me op het lijf geschreven. Sommigen beschouwden dat als sloopwerk en zijn vertrokken. Voor hen was dat het laatste zetje. Niet leuk, maar wel zinnig als het hen heeft geholpen om goed afscheid te nemen.

Een groot deel van mijn 'doelgroep' bestaat – oneerbiedig gezegd – uit 'overlopers': mensen uit andere kerken die het daar niet meer kunnen vinden. Daar zit ook mijn zorg voor de toekomst. Die groep is bezig uit te sterven en er zit geen generatie achter: van de meeste kerkgangers gaan de kinderen niet naar de kerk. In al die jaren heb ik zelden buitenkerkelijke binnenlopers gezien die eens belangstellend een kijkje kwamen nemen. Dat is soms flink frustrerend: overal zoeken mensen naar zin, behalve in kerken. Maar ik geef hun geen ongelijk. Een veel te vroeg overleden gemeentelid en dierbare vriendin heeft me vlak voor haar dood gevraagd: 'Als jij geen predikant zou zijn, zou je dan naar de kerk gaan?' Omdat ik dit ook al een keer in mijn gemeente heb verteld zonder mijn antwoord te verklappen, doe ik het nu ook niet. Maar ik heb niet 'ja' gezegd. Met wisselend succes probeer ik de overtuiging uit te dragen dat als de kerk niet wil veranderen, zij haar poorten wel kan sluiten. Ik voel me daarbij vaak een roepende in de woestijn. Maar ik geef het niet op. Het kan anders en ik zie het voor me: de kerk als plaats waar zinzoekers iets te zoeken hebben. Dat het een droom is waarvan ik vrees dat ik de verwerkelijking ervan zelf niet zal meemaken, verhindert me niet om ernaar te blijven streven. Want ik geloof erin.

Spreken over God – verbeelding

Alle spreken over boven komt van beneden.[2]

Spreken over God is de taak van de theologie, de leer (*logos*) over God (*theos*). Zij begint dan ook bij God. Dat is meteen de valkuil: als je boven begint, is het niet zeker dat je ook beneden terechtkomt en loop je het risico dat je blijft hangen in voor mensen onbegrijpelijke taal. En vrijwel alle theologie – de hedendaagse niet uitgezonderd – valt in die kuil, omdat (het bestaan van) God als uitgangspunt wordt genomen.

Theologie werkt met zogenaamde 'godsbegrippen'. Dat zijn pogingen om te begrijpen wie of wat God is, en om dat vervolgens in begrippen te vangen. Daaraan danken wij termen als 'alomtegenwoordig', 'eeuwig', 'almachtig' en 'ongeschapen'. Dat zijn abstracties die los zijn gemaakt van de oorspronkelijke ervaringen, waaruit bovendien elke emotie is verdwenen. Zie en vergelijk hoe God in de oude bijbelverhalen wordt genoemd: 'getrouwe', 'sterke', 'bevrijder', 'schild', 'rots'. Daar proef je nog verbinding met de oorspronkelijke ervaring. Daarom kunnen theologen wel van alles vertellen over de eeuwige en de alomtegenwoordige, maar daar zal geen mens door in zijn gevoel geraakt worden. Anders gezegd: dan kan het over van alles gaan, behalve over God. Ik zou dan ook liever het verkeer omleggen: beneden beginnen en beneden blijven. Niet bij God beginnen dus, maar bij jou en mij, bij het leven en de ervaringen van ge-

2 Harry Kuitert.

wone mensen en zien of je bij de God van die mensen kunt uitkomen.

Negatieve theologie

Dat is ook het standpunt van de zogenaamde 'negatieve theologie', die ervan uitgaat dat God niet in begrippen te vatten is. Al onze begrippen beschrijven immers dingen die we kennen, die we kunnen zien of voelen, en God is in die zin ongrijpbaar, onbekend en te anders om in woorden te vatten. Daarom is het beter om alleen maar te zeggen wat God níét is.

Bijbels gesproken is daar veel voor te zeggen. De oude verhalen, waarvan de meeste vele eeuwen na dato werden geschreven, getuigen van langdurig beproefde geloofservaring. Ze laten zien dat mensen nooit weten hoe het zit, maar onderweg ontdekken hoe het zat. Dat is ook herkenbaar voor iedereen die in zijn eigen biografie bladert: gaandeweg ontdek je hoe het zat, maar je weet nooit hoe het zit. En onderweg wordt ook wel duidelijk dat je over God eigenlijk niets kunt zeggen. Zie de tien geboden: 'Gij zult u geen gesneden beeld maken noch enige gestalte, Gij zult de naam van de Here, uw God, niet ijdel gebruiken' enzovoort. Al die 'geboden' – lees: verwerkte en verwoorde ervaringen – wijzen in één richting: mensen bevrijden van het idee dat God in menselijke begrippen of woorden te vangen zou zijn.

Een kleine oefening in negatieve theologie kan voor iedereen nuttig zijn als een soort APK-keuring van het eigen godsbeeld. Neem je eigen God en trek daar alle woorden van af waar de geur van de Schepper of het Opperwezen aanhangt, zoals 'oerbron van het bestaan', alle termen die theologen hebben bedacht om God te definiëren, zoals 'alomtegenwoordige', alle 'is'-uitspraken waardoor God wordt gefixeerd en onbeweeglijk gemaakt, alles waarvan je verstand zegt dat het niet helemaal deugt, zoals dat God met 'iets hogers' te maken heeft, alles wat wel of alleen met

God en niet met ervaringen van mensen te maken heeft. Het zou weleens kunnen zijn dat je méér God overhoudt dan waarmee je begon.

Daarmee onderschrijf ik niet de soms uit de negatieve theologie getrokken conclusie: hoe meer je weet wat God niet is, des temeer weet heb je van God. Ik zou liever zeggen: hoe meer je weet wat God niet is, hoe minder er in de weg staat op weg naar God. Dan klopt het ook met jouw en mijn ervaring. Want ga maar na: pas als je werkelijk door de grond zakt, kan blijken dat daar nog een bodem onder zit. Pas als je accepteert dat je in wezen niets voor een ander kunt doen, kun je misschien iets voor iemand doen. Pas als je accepteert dat je aan een sterfbed niets te zeggen hebt, kun je wellicht iets betekenen.

Ben je dan op weg naar God? Nou en of!

Ietsisme

> *Op een prille dag in het voorjaar (...) zei de wesp: 'Ik heb niet te klagen, niets. Daar gaat het niet om. Maar één ding zit mij dwars.' 'Wat dan?' vroeg de tor. 'Ik weet het niet,' zei de wesp. 'Ik denk er altijd over na, en ik wéét dat het iets is. Maar ik weet niet wat.' 'Ik weet het ook niet,' zei de tor.*[3]

Het zogenaamde ietsisme (het kwam al eerder ter sprake[4]) is te beschouwen als een eigentijdse variant van de negatieve theologie: God wordt zelfs niet meer God genoemd, maar 'iets'. Door het zo te zeggen doe ik niet alle ietsisten recht. Maar ik heb vooral de grote groep kerkverlaters op het oog, die wel van een ongeloof-

3 Toon Tellegen, *Misschien wisten zij alles*, Amsterdam 1999 (5e verm. druk), p. 166.

4 In hoofdstuk 1 onder 'Agnosten en ietsisten'.

waardige God af willen maar niet van hun geloof. Voor hen betekent 'iets': 'voorheen God'.

Over het fenomeen ietsisme is volop discussie. Het wordt vaker bekritiseerd (half werk, vaag, geestelijke luiheid, dom sentimentsgeloof, heidens zuurdesem) dan serieus genomen. Vragen worden amper gesteld: waarom noemen ietsisten zich geen 'nietsist' of 'atheïst', wat is eigenlijk het verschil tussen wat ietsisten 'iets' noemen en anderen 'God', waarin verschillen ietsisten van kerkgangers die met God als 'iemand' niet meer uit de voeten kunnen en wat is voor díe groep het alternatief: niemand, niets?

Kerkleiders maken zich er niet druk om. In reactie op een onderzoek waaruit bleek dat veertig procent van de Nederlanders zich ietsist noemt,[5] sprak kardinaal Simonis: 'Daar mag OnzeLieve-Heer het dan mee doen, dat hij gereduceerd is tot "iets".' En het synodebestuur van de PKN: 'De mensen zullen uiteindelijk toch weer geborgenheid zoeken.'[6] Ja, dat zal wel. Maar waar? In de kerk?

Zo krijgen kerkverlaters, waarschijnlijk onbedoeld lomp maar daarom niet minder pijnlijk, nog een trap na. Niemand loopt zomaar de kerk uit, daar zijn strijd en twijfel aan voorafgegaan. En die zijn niet verdwenen nadat de stap naar buiten is gezet: de vragen waar de kerkverlaters geen antwoorden op kregen, zijn er nog steeds. Dáárom noemen ze zich niet nietsist. En hun vragen zouden beter kunnen worden begrepen als uitnodiging of uitdaging aan het adres van de kerk: als God niet iemand is, wat dan? Zit 'iets' er dan misschien dichterbij dan 'niemand'?

Wellicht mag ik nog even herinneren aan hoe het is begonnen: als 'iets' waarvan mensen hebben ervaren dat het met hen meetrok. Dat 'iets' kreeg de naam God en daar werd vervolgens zo

5 Bekendgemaakt in *Trouw*, 21 oktober 2004.

6 *Trouw*, 24 oktober 2004.

veel heidens en almachtig behang opgeplakt, dat er van het iets vrijwel niets overbleef. Gedurende de laatste eeuwen is het meeste behang er wel afgebladderd en is duidelijk geworden dat er niemand achter zit. Maar, en dat is het gelijk van de ietsisten: niemand is nog niet niets.

Ik beschouw ietsisten als bondgenoten. Ik deel hun afkeer van geharnaste kerkelijke taal en voel me geestverwant in hun zoektocht naar 'iets' wat met hen meetrekt en aan hun bestaan richting en uitzicht geeft.

Spreken in beelden

God wordt God als schepselen God zeggen.[7]

Tot nu toe heb ik geregeld aangestipt hoe het volgens mij niet moet en waarom niet. Maar is er ook in positieve, bevestigende zin over God te spreken en te communiceren? Jawel, maar ik begin met op te merken dat dat voor een bestaande God een stuk eenvoudiger is dan voor een niet-bestaande. Het kan in dat laatste geval naar mijn mening alleen zinnig vanuit de overtuiging dat God een woord is dat verwijst naar onverwoordbare, niet-communiceerbare, menselijke ervaringen.

Dat onverwoordbare zal iedereen herkennen: als je de akeligste momenten van je leven zou willen beschrijven, dan schiet taal tekort. Mensen die zijn teruggekeerd uit oorlogskampen, mensen met een incestervaring: met geen woorden kunnen ze beschrijven wat ze hebben meegemaakt. En hetzelfde geldt voor de mooie ervaringen: 'Er zijn geen woorden meer voor wat ik voel, ik heb geen woorden meer voor jou.'[8]

7 Meister Eckhart, middeleeuws mysticus.

8 Jazzpolitie, 'Liefdesliedjes' (1993).

Die onverwoordbaarheid sluit 'spreken over' niet uit, maar beperkt het tot hooguit benaderend 'verwijzen naar'. Als iemand 'God' zegt, dan verwijst hij daarmee naar wat hij 'God' noemt. Dat is, zoals eerder gezegd, niet controleerbaar hetzelfde als wat ik bedoel als ik 'God' zeg. Met andere woorden: wie 'God' zegt gebruikt een bekend woord dat voor iedereen iets anders betekent, dus niemand weet wat het betekent. Zinnig spreken over God kan daarom alleen in de eerste persoon enkelvoud: 'míjn God'. En dan nog: ik kan niet zeggen wie, wat of hoe mijn God is. Ik kan alleen zeggen hoe ik mijn God heb ervaren. God zelf ligt om zo te zeggen buiten het bereik van onze gezamenlijke taal.

De grenzen van mijn taal zijn de grenzen van mijn wereld.[9]

Maar iets anders hebben we niet, er is geen aparte Godtaal. We hebben alleen alledaagse huis-tuin-en-keukentaal. En dat is de enige taal waarin er ooit over God is en kan worden gesproken[10] en waarin ook de bijbel is geschreven. Natuurlijk, de huizen, tuinen en keukens van de bijbelschrijvers zagen er anders uit, hun levensgevoel was anders, maar het 'mechanisme' was hetzelfde: zij spraken in alledaagse taal over iets waar zij eigenlijk geen woorden voor hadden. Zij deden wat wij doen, en dat heet 'symbolisch' over God spreken.

Eenvoudiger gezegd: met bekende woorden over iets onbekends spreken. Alles wat wij zeggen over God, zeggen we met dezelfde woorden die we gebruiken om over gewone aardse zaken te

9 Ludwig Wittgenstein.

10 Daarbij laat ik de theologie buiten beschouwing. In hoofdstuk 2 heb ik uitvoerig aangegeven hoe kerk en theologie het oorspronkelijke, bijbelse pad hebben verlaten en er met hun eigen abstracte Opperwezen vandoor zijn gegaan.

spreken. We spreken met dezelfde woorden over het bekende en het onbekende.

Dat lijkt ingewikkelder dan het is. Het is heel alledaags: als iemand zegt 'God is liefde', doet hij precies hetzelfde. Hij gebruikt dan het enige materiaal dat hij heeft – zíjn ervaringen met liefde – om te zeggen dat God in volmaakte zin heeft wat hij liefde noemt.

Ik weet het, 'God is liefde' is een veelgebruikte uitdrukking, en ik wil er niet onaardig over doen, maar op de keper beschouwd is het niet meer dan een slag in de lucht. Want zonder mensen is liefde helemaal niks. Dus als je zegt 'God is liefde', dan zeg je eigenlijk 'God is niks'. Maar dat bedoel je niet. Want je probeert met behulp van het woord 'God' weer te geven wat jij hebt ervaren als liefde.

Precies: 'als'. Dat was het ontbrekende woord. Als we zeggen 'God is als liefde', dan wordt 'liefde' niet gebruikt als een wóórd om iets over God te zeggen, maar als een bééld om naar God te verwijzen. En dat is wat de bijbelschrijvers in hun tijd deden: met bekende beelden ('herder', 'koning', 'vader'...) verwijzen naar een onbekende God. Dan wordt God ook communiceerbaar. Als ik zeg 'God is als een herder', dan weet jij wat ik bedoel, want jij weet wat een herder is.

Die beelden zijn niet uit de lucht komen vallen. Ze zijn letterlijk 'uit het leven gegrepen' om weer te geven wat mensen aan het leven hebben ervaren. Ze worden als het ware 'gevuld' met de ervaringen waarnaar ze verwijzen en zijn niet bedoeld om letterlijk te nemen. Dat doe je ook niet als iemand zegt dat hij een spijker in zijn kop heeft.

Als ik in mijn enthousiasme het woordje 'als' vergeet en tegen jou zeg dat je een engel bent en dat ik alles voor je overheb, dan loop je daar niet mee naar een notaris. Zonder het woordje 'als' wordt het beeld losgemaakt van de ervaring die eronder ligt. Voor een engel kan dat niet zo veel kwaad en haalt niemand het in zijn hoofd dat beeld letterlijk te nemen. Als het om God gaat, is het ernstiger, want daar hebben velen dat juist wel in hun hoofd gehaald en van een ervaren God een bestaande God gemaakt. Doodlopende weg.

Met behulp van beelden hebben mensen ervaringen geduid, aan elkaar doorgegeven, met elkaar gedeeld en uiteindelijk op schrift gesteld. Zo is de bijbel ontstaan: een boek over geloofservaringen van mensen, geschreven in beeldtaal. Allemaal verbeelding, inderdaad.

Zonder beelden sprak hij niet...[11]

'Alle geloof is van verbeelding,' zegt Harry Kuitert. Die uitspraak is hem niet over de hele linie in dank afgenomen. Ik begrijp eigenlijk niet hoe iemand het daarmee oneens kan zijn. Iedereen die ooit van God heeft gehoord, heeft toch op de een of andere manier een 'godsbeeld', een 'mentale voorstelling' van God. Of je wel of niet gelooft dat God bestaat, maakt daarbij geen verschil. Voor wie gelooft dat God bestaat, is menselijke verbeelding een manier om de goddelijke werkelijkheid te bereiken, de bestaande God wordt 'in beeld gebracht'. Voor wie niet gelooft dat God bestaat, is verbeelding een manier om God te creëren, God is dan zelf een element van menselijke verbeelding. In beide gevallen is verbeelding een manier om je bij die God iets voor te stellen en over hem te kunnen spreken.

We kunnen niet anders. Met iets onbekends kunnen we alleen omgaan door middel van een beeld: we projecteren onze eigen gedachten en gevoelens over God op een blanco beeldscherm en dat noemen we dan God.

En we doen niet anders. Naar een film kijken, dromen, verliefd

11 Mattheüs 13:34, EV.

worden: het is allemaal projectie. Als ik zeg dat jij een wijs mens bent, dan projecteer ik mijn ideeën over wijsheid op jou. Dat doe ik niet zomaar, iets in jou roept mijn wijsheidsprojectie op.

Is dat bij God ook zo? Projecteer je zomaar wat in het wilde weg op God, of wordt er 'van Godswege' iets opgeroepen waardoor je projecteert? Ik las ergens 'dat wij uit ons projectiemechanisme moeten concluderen dat wij naar God toe geschapen zijn, dat God iemand is die wij maken uit onze wensen en verlangens, omdat God ons zo gemaakt heeft'. Dat moet dan op de zesde dag zijn geweest. Ik vermoed dat God op die dag ook de cirkelredenering heeft geschapen.

Als je gelooft dat God bestaat, is dat misschien de enige uitweg. Eigenlijk is geloven dat God bestaat op zichzelf al een cirkelredenering, want de enige die kan garanderen dat jouw beeld van een bestaande God klopt, is die God zelf. Maar die is onbekend en derhalve met aan zekerheid grenzende waarschijnlijkheid niet gelijk aan jouw beeld. Daarom zal wel in de tien geboden staan 'Gij zult u van mij geen beeld maken'. Nee, want het klopt toch niet: jouw godsbeeld is niet God, jouw beeld is geen werkelijkheid.

Dat besef had veel bloedvergieten kunnen voorkomen. Vrijwel dagelijks zien we wat er gebeurt als beelden voor werkelijkheid worden gehouden: zelfmoordterroristen die menen dat hun daad hen in het paradijs zal brengen. Het is van alle tijden: ook christelijke kruisridders moordden en stierven in de hoop op een hemelse beloning. 'Gij zult u van mij geen beeld maken.' Nee, doe maar niet, want het kan letterlijk bloedlink zijn. Een paar geboden later wordt daar nog even aan herinnerd: 'Gij zult niet doden.'

De vinger wijst naar de maan en wee degene die de vinger verwart met de maan.[12]

Je kunt dus wel denken dat jouw projectie door God wordt uitgelokt, maar dat moet je dan toch wel eerst aannemen.

Schrijver en dichter Willem Jan Otten zegt: 'De religie creëert namelijk geen andere werkelijkheid, maar gaat uit van een werkelijkheid van de andere kant die alleen door verbeelding bij ons in beeld gebracht kan worden.'[13] Hij neemt aan dat er een andere werkelijkheid is. In theologische termen heet dat een 'geloofssprong', in gewoon Nederlands is het een sprong in het duister. (Dat zou ik niet hebben gezegd als hij zou spreken van een 'ervaren' andere werkelijkheid in plaats van een veronderstelde.)

Dat atheïsten daar kritiek op leveren, is begrijpelijk: gelovigen fantaseren maar wat, die God van hen is een illusie, onzin, allemaal verbeelding. Omdat een atheïst zelf ook een beeld heeft van de God van wie hij niet gelooft dat hij bestaat, kan hij dat van anderen beter geen onzin noemen. Dat het 'allemaal verbeelding' is, klopt wél. En daarom is het juist géén onzin. Het is andersom: als het géén verbeelding is, dan kan het eigenlijk alleen maar onzin zijn, want God is en blijft onbekend. En wat die illusies betreft: wat is daar eigenlijk mis mee? Zouden we zonder kunnen? Hoe zou je zonder illusies een relatie kunnen aangaan, verhuizen of kinderen op de wereld zetten?

Gaat de uitspraak van Kuitert ook op voor een gelovige die niet gelooft dat God bestaat? Jawel, maar de vraag of er een werkelijkheid aan het beeld moet beantwoorden, speelt dan niet – of anders. In het vorige hoofdstuk heb ik betoogd dat geloven zich afspeelt in de werkelijkheid van alledag. Daarin kan een andere

12 Oude zenspreuk.

13 *VolZin*, 20 juni 2003.

werkelijkheid oplichten, zeker, maar die zul je dan toch in deze aardse werkelijkheid ervaren, want er is geen andere. In eerdere termen: er gebeurt iets 'gewoons', je ervaart het als buitengewoon en je gebruikt het woord 'God' om die ervaring te benoemen. Op de vraag of het woord 'God' ergens naar verwijst, bestaat daarom geen antwoord vooraf, dat zal nog moeten blijken.

Maar als geloven voor jou niet losstaat van wat je hebt meegemaakt, als er gebeurtenissen in je leven zijn geweest die je op de een of andere manier in verband hebt gebracht met God, dan is er van 'illusie' – in atheïstische zin – geen sprake. Want dan gaat het bij jouw verbeelding om reële verlangens, om een mogelijke werkelijkheid waarvan je iets hebt bespeurd en waarop je je wilt richten, wilt hopen, waarin je wilt geloven en waarvoor je uit je stoel wilt komen.

Subjectief? Ja, de kerk houdt daar weliswaar niet van, en voor deze ene keer zijn atheïsten het daarmee eens, maar het kan niet anders. Jouw Godsbeeld wordt gevormd door jouw ervaringen, jouw geschiedenis, jouw opvoeding, jouw angst, jouw hoop enzovoort. Daarom is het ook uniek, anders dan alle andere. Het is een product van je eigen gelovige verbeeldingskracht, en daarmee creëer je een werkelijkheid waar niemand anders kan komen. Subjectiviteit is dus geen beoordelingscriterium: als het voor jou werkt, is het werkelijkheid, en dat lijkt me belangrijker dan de vraag of je projectie pas betrouwbaar is als er een ander – of een God – is die de betrouwbaarheid garandeert. Je moet het niet eens objectief wíllen maken, want dan maak je van God een object en ben je weer terug bij het 'wezen'. En bij de tien geboden: 'Gij zult u van mij geen beeld maken.' Nee, hou het maar bij je eigen beeld.

Spreken van God – beeldspraak

Als er in de bijbel over God wordt gesproken, gebeurt dat altijd in beelden. Ook als er staat dat God zelf sprak, is dat een beeld: God heeft geen stembanden. Het spreken van God gebeurt altijd bij wijze van spreken. In de bijbel zijn mensen aan het woord, ook als God 'aan het woord' is. Dus als er staat dat God sprak, moet dat niet worden gelezen als een geluidstechnische mededeling, maar als een menselijke geloofsuitspraak van een bijbelschrijver die zich God voorstelde als iemand die sprak.

Het is nauwelijks voorstelbaar dat iemand zich kan voorstellen dat God spreekt als hij zich daar zelf niet door aangesproken voelt. 'God sprak' betekent dus dat mensen kunnen worden aangesproken zonder dat er iets wordt gezegd. Dat is niet vreemd of miraculeus, we zeggen zelf ook dat een film of een boek ons aanspreekt. Een boek zegt niks, maar kan je wel iets te zeggen hebben, 'tot je verbeelding spreken'. Je hoeft dus niet in letterlijke zin te worden toegesproken om je aangesproken te voelen. Als jij zegt: 'Het sprak me heel erg aan,' heb je dan iets gehoord? Ja, maar niet met je oren. Zo is het met God ook: God heeft nooit iets gezegd, maar wel degelijk gesproken. En mensen hebben dat gehoord, maar niet met hun oren.

Dat is alledaagser dan het klinkt. Wij zeggen soms dat het 'klikt' tussen mensen. Dat is een beeld: het klikt zoals je een sleutel in het slot hoort klikken. Maar mensen tussen wie het klikt, hebben waarschijnlijk nooit iets horen klikken. Zo is er ook niet een moment waarop je zult kunnen zeggen: 'Nu hoor ik Gods stem.' Maar je zou heel goed kunnen zeggen dat God 'aan het woord' is als jij ergens door wordt geraakt of aangesproken.

De bijbel is daarom ook niet op voorhand 'Gods woord', maar een boek vol mensenwoorden, waardoor andere mensen zo geraakt kunnen worden dat die woorden voor hen 'woord van God' worden.

Het idee dat je in akoestische zin de stem van God kunt horen leeft vooral in zogenaamde 'bevindelijke stromingen', waar bovendien de opvatting heerst dat het vooral evangelische of reformatorische antennes zijn die het stemgeluid van de Allerhoogste opvangen. Er is dan sprake van zogenaamde 'openbaring', in de betekenis van een soort inslag van boven.

Openbaring

Het woord 'openbaring' is een eeuwige bron van verwarring. Aan de ene kant staat een kerk te beweren dat een God die almachtig is zich uiteraard kan openbaren, aan de andere kant staan de gelovigen die daar natuurlijk nooit iets van merken.

De traditionele opvatting begint bij God, en komt erop neer dat er top-down ineens, ergens vanuit de hoogte, iets bij mensen terechtkomt. Wie de bijbel letterlijk neemt, vindt steun voor deze overtuiging in onder andere de verhalen over Gods openbaringen aan Mozes en Jesaja, en in de kerkelijke theologie die in het spoor van Karl Barth nog altijd het *senkrecht von Oben* belijdt. Maar zoals ik eerder heb laten zien, berust die steun op het misverstaan van mythologische verhalen over een heidens opperwezen dat niet bestaat en zich derhalve nooit in de bedoelde zin heeft geopenbaard of zal openbaren. Draai het maar om: niet ergens 'boven' bij God beginnen, maar hier beneden bij mensen die het leven leven zoals het komt, en die daarom af en toe aanlopen tegen iets wat te groot is voor woorden. In hoofdstuk twee beschreef ik hoe jouw verhaal voor mij een ervaring kan worden als ik me erin herken. Voor mij kan dat een eyeopener zijn, of een openbaring.

Zouden we dan misschien beter kunnen zeggen dat openbaring begint bij mensen? Nee, openbaring is niet alléén iets van mensen, er is méér nodig, er moet iets 'van de andere kant' komen. Bijvoorbeeld: je kijkt naar een film, er gebeurt iets met je, je krijgt een brok in je keel, je hebt een 'ervaring'. Die ervaring is in die film niet te vinden, die komt uit jezelf. Maar zonder de film was de ervaring er niet geweest, er komt eerst iets van de andere kant. Zo kun je uit je cirkeltjes worden gehaald door iets wat je niet zelf verzint, en iets in een 'ander licht' gaan zien. Ofwel: hetzelfde zien, maar dan anders.

Openbaring begint dus niet bij mensen, maar 'ontstaat' als een menselijke reactie op iets wat niet uit jezelf komt. Dat maakt ook duidelijk dat er zonder jou(w reactie) niets gebeurt. Openbaring en ervaring zijn onlosmakelijk met elkaar verbonden: als openbaring zich niet voltrekt aan mensen die ervoor opengaan, dan ís er geen openbaring.

Onze haring, een openbaring.[14]

Mooi beeld: als je er niet in bijt, proef je niks. En als je ervan hebt geproefd, kun je proberen mij uit te leggen hoe het smaakt en hoe lekker het is. Hou maar op, ik hou toch niet van haring.

14 Gezien op een viskraam.

Een persoonlijke God is geen persoon

En de mens schiep God naar zijn beeld.[15]

In het eerste hoofdstuk van de bijbel staat dat 'God de mens schiep naar zijn beeld'. Ik heb al aangegeven dat dat andersom gelezen moet worden: mensen hebben goden geschapen. Dat ze dat naar hun beeld hebben gedaan is logisch: mensen zijn nu eenmaal personen en een andere keuze dan God als persoon voorstellen ligt niet voor de hand. Vroeger gebeurde dat volop: Zeus, Wodan, Donar, Apollo, Neptunus – allemaal personen. Ook bij de buren van het volk Israël zagen de goden eruit als uitvergrote mensen. Dat en waarom de bijbelschrijvers in de gebruikelijke beeldvorming zijn meegegaan, heb ik beschreven als God die werd geschapen en 'behangen' met eigenschappen van andere goden. Je moet tenslotte eerst 'iemand' zijn om met iemand te kunnen concurreren. Dat verklaart het taalgebruik van de bijbelschrijvers: God spreekt, hoort, heeft berouw, is jaloers enzovoort.

De kerk heeft dat later letterlijk genomen en zo is het gekomen dat mensen zijn opgegroeid met het beeld van God als persoon. Voor de meeste volwassenen bestaat God inmiddels niet meer zoals vroeger, maar is hij aangepast tot of veranderd in een God die liefde is, of goedheid, of medemenselijkheid, of vul zelf maar in. Dat is hetzelfde als zeggen dat God niet bestaat. Maar die sprong is voor veel mensen vaak net te groot, en dat is ook niet het punt dat ik hier wil maken.

Het gaat me om de vraag: hoe kun je afstappen van God als persoon en toch blijven geloven in en spreken van een persoonlijke God? Helaas zijn onze woorden zo beperkt of geladen met onbedoelde associaties, dat het heel moeilijk uit te leggen is hoe wij

15 Vrij naar Genesis 1:27.

over 'persoonlijk' kunnen spreken zonder daarbij aan een persoon te denken. Dat wordt algauw abstract. Probeer maar eens iemand uit te leggen dat jij gelooft in God als de onpersoonlijke grond van jouw persoonlijke geloof. Succes!

Maar toch: mensen zijn personen, en daarom is onze geloofsbeleving persoonlijk en hebben wij te maken met een persoonlijke God. Dus hoe je ook in God gelooft, of dat is als liefde, geest, kosmische kracht, of noem zelf maar, het gebeurt altijd op een persoonlijke manier.

In het vorige hoofdstuk schreef ik dat God niet zonder mensen gebeurt en dat geloven niet losstaat van anderen, van andere personen dus. Anders gezegd: als er iets gebeurt tussen mensen, dan krijgt God in die ene mens voor de andere een persoonlijke vorm. Ik kan dat niet treffender illustreren dan met het bijbelverhaal van Jakob aan de Jabbok.[16] Vanuit het donker doemt er iemand op die Jakob aanvalt: een man, een onbekende. Ze vechten de hele nacht. Later zegt Jakob: 'Ik heb God gezien van aangezicht tot aangezicht,' terwijl hij alleen maar een man heeft gezien. Persoonlijker kan toch niet?

16 Genesis 32.

Spreken met God – bidden

Ik heb hem dus verzonnen, dacht hij. (...) Even later hoorde hij zijn verzinsel zelfs tegen hem praten.[17]

Als God geen persoon is, valt er dan nog te bidden? Is dat dan niet hetzelfde als 'communiceren met je eigen godsbeeld'? Zo kun je het wel zeggen, ja. Oneerbiedig gesproken: je zit eigenlijk maar wat tegen jezelf te praten. Thomése zegt het veel mooier: het is 'taal die thuisblijft'.[18]

Kan het anders, is er een alternatief? Ja, schaf het woord af.

Het lijkt me eerlijk gezegd eerlijker om gewoon toe te geven dat je niet kunt bidden tot een God die niet bestaat. Je kunt mooie namen bedenken voor wat je wél kunt doen, maar noem het géén bidden. Want onder dat woord verstaat iedereen: in contact treden met, het woord richten tot, én hopen op een reactie.[19]

Als ik om me heen kijk en lees, zie ik dat te zwart-wit. Op mijn vraag waar ik de nuance mis, krijg ik meestal het antwoord dat het bestaan, of het persoonlijke, van God niet letterlijk moet worden genomen, maar 'metaforisch', als een soort gelijkenis. God heeft dus geen echte oren, maar metaforische oren (metaf-oren) waarmee hij naar jouw metaforische gebed luistert, metaforisch gespro-

17 Toon Tellegen, *Bijna iedereen kon omvallen*, Amsterdam 1993.

18 P.F. Thomése, *Schaduwkind*, Amsterdam 2003, p. 64.

19 Volgens Van Dale is bidden: *in groepsverband of alleen, al dan niet hardop spreken tot God of wie men als goddelijk vereert, hetzij om te loven, te danken of om hulp en steun af te smeken (m.n. het laatste).*

ken dan. Het is maar half serieus, maar het illustreert de worsteling van theologen die met hun rug tegen de muur staan. En met hun antwoorden is niemand geholpen, want de vragen blijven. Als God geen persoon is, wat blijft er dan van het gebed méér over dan een monoloog? Kun je een geheim aanspreken, tot een mysterie bidden, een relatie hebben met of je verhouden tot een onpersoonlijke God, in contact treden met 'iets'? Maar linksom of rechtsom: bidden veronderstelt dat er ergens een God is die gebeden van mensen hoort en daarop kan reageren. En die veronderstelling kan letterlijk worden genomen of worden afgewezen. Zwart-wit dus.

Maar met afschaffen kom ik er niet. Mijn dochter schreef: 'Jij gelooft niet dat God bestaat, maar je blijft wel het woord "God" gebruiken. Als je niet gelooft in bidden tot een God die niet bestaat, kun je toch wel het woord "bidden" blijven gebruiken?'[20] Tja. En daar komt nog eens bij dat recent onderzoek heeft aangetoond dat twee van de drie Nederlanders bidt. Aangezien slechts ongeveer een kwart zich tot een kerkgenootschap rekent, moet dat betekenen dat voor de meerderheid van alle bidders het woord 'bidden' een eigen, andere, of althans niet-kerkelijke betekenis heeft. Zij doen misschien al wat ik dan ook maar zal doen: de lading veranderen en de vlag laten staan.

En gebruikt bij uw bidden geen omhaal van woorden, zoals de heidenen; want zij menen door hun veelheid van woorden verhoord te zullen worden.[21]

De kerk is wat mij betreft een plaats waar ruimte moet zijn voor bezinning en stilte. Die ruimte is er al wel, maar ik zoek naar andere vormen en een andere inhoud. Mijn uitgangspunt daarbij is dat

20 Rike Hendrikse, juni 2007.
21 Mattheüs 6:7, NBG.

mensen in de kerk 'het zo zeker niet weten' en daarin serieus genomen dienen te worden. Dat betekent in de eerste plaats dat er geen taal wordt gesproken die anders dan letterlijk kan worden opgevat. Dus niet: 'Ik zeg het wel zo, maar onder ons weten we wel dat je dat niet zo moet opvatten.' Dat zogenaamde 'onder ons'-gevoel kan beter bevraagd dan geknuffeld worden. Dan worden buitenstaanders niet uitgesloten en hoeft de voorganger niet net te doen alsof. Mensen die worstelen met de vraag of ze nog wel kunnen bidden, worden niet geholpen door iemand die zijn eigen worsteling buiten beeld houdt. Een gebed beginnen met: 'Laat ons bidden,' gaat al uit van een 'ons' dat er helemaal niet is. Er zitten net zo veel verschillende godsbeelden in de kerk als er mensen zijn.

Zelf begin ik met voorstellen om stil te worden en iedereen de gelegenheid te geven om te bidden, zich in te keren, te bezinnen of welke naam hij ook wil geven aan zijn manier om… enzovoort. Die formulering probeert voor iedere aanwezige herkenbaar te zijn, van de buitenkerkelijke passant tot de trouwe bezoeker die niet meer kan bidden zoals voorheen maar het woord 'bidden' niet heeft losgelaten en misschien niet wíl loslaten.

Ik spreek God niet aan, omdat ik niet medeplichtig wil zijn aan het in stand houden van de suggestie dat er zoiets zou zijn als een God tot wie ik, mede namens anderen nog wel, het woord zou kunnen richten, en al helemaal niet met 'U', 'jij' of 'Gij'. In zo'n God geloof ik zelf niet en ik wil niet doen alsof.

Als voorganger bepaal ik in hoge mate onderwerp en sfeer van de dienst. Ik zie het als mijn taak om die ook aanwezig te laten zijn in de gesproken woorden waarmee ik het stille moment inleid of begeleid, en leid naar wat ik zo voorzichtig mogelijk formuleer als 'wat wij hier wel God noemen'. Dat is nooit routine. Soms word ik erbij geholpen door woorden van anderen, vragen, citaten, soms door langere stiltes. Wat ik probeer, zou in klassieke termen zoiets zijn als 'je uitspreken voor het aangezicht Gods'. Zo noem ik het uiteraard niet, want het gaat me juist om wat er in *mensen* leeft; de woorden 'blijven thuis'.

'Voorbede'

Dat geldt ook voor de zogenaamde voorbede, het bidden voor anderen. In zijn traditionele vorm zit het in de buurt van een magisch ritueel: de goden aanroepen en trachten hen ertoe over te halen om bijvoorbeeld een zieke te genezen. God is dan een soort automaat die in werking treedt als mensen er een muntje in stoppen. De eigentijdse variant van voorbede doen voor slachtoffers van door mensen veroorzaakt leed in de vorm van honger, armoede en kindersterfte houdt vaak het midden tussen onzuiverheid en een kalmerend middel.

Voorbeden simpelweg afschaffen zou betekenen dat met het badwater ook het kind verdwijnt: de menselijke behoefte om gevoelens te 'adresseren'. Die gevoelens willen ergens heen, naar buiten. Maar als God niet bestaat, is er geen adres. Daarom probeer ik die gevoelens (dankbaarheid, zorg, machteloosheid...) te benoemen, niet te adresseren. Meestal is dat al genoeg, soms zelfs te veel. In andere situaties heb ik geleerd dat aan de behoefte om te adresseren niet hoeft te worden 'voldaan'. Als ergens iets heel ergs gebeurt – plotselinge dood, groot verdriet – en mensen vragen zich vertwijfeld af: 'Waarom? Waarom, God?' dan verwachten ze zelfs van mij, 'dienaar van het goddelijk woord', geen antwoord. Ze stellen geen vraag. Ze adresseren hun noodkreet op dezelfde manier als iemand dat doet wanneer hij om zijn moeder roept in situaties waarin het uitgesloten is dat ze zal komen opdagen.

Ik kan je niet leren hoe je met woorden bidden moet.
God luistert niet naar je woorden, tenzij hij ze zelf door je lippen spreekt.[22]

'Verhoring'

Ook iemand die niet gelooft dat God bestaat, maar wel in God gelooft, kan 'bidden' zonder ontrouw te zijn aan die overtuiging. Zo versta ik zelf onder de zogenaamde 'kracht van het gebed': dat wat er dan mét mensen gebeurt niet zonder gevolgen zal blijven voor wat er daarna tússen mensen gebeurt.

In die sfeer zoek ik ook de 'verhoring': vragen blijven vragen, en ze worden niet uitbesteed. Ze blijven daar, of keren terug naar waar ze vandaan komen: naar jou en mij. Bijvoorbeeld: de bereidheid om jezelf uit te spreken en onder kritiek te stellen, komt weer bij jezelf terecht en blijft, als het goed is, niet zonder gevolgen. Geen verhoring dus zonder zelf ingeschakeld te worden.

Zo kan bidden veranderen en wordt niet bij God neergelegd wat bij mensen thuishoort. Als iemand ongeneeslijk ziek is, kun je de hoop uitspreken dat hij de kracht heeft om menswaardig te dragen waar hij doorheen moet, en dat hij er niet geestelijk aan stuk zal gaan, en dat er mensen om hem heen zullen zijn die trouw en nabij kunnen zijn, dat hun onmacht mag worden omgebogen naar draagkracht en steun. Als je dat van harte kunt zeggen, zul je zelf die zieke ook daadwerkelijk nabij willen zijn. Dan blijft je 'gebed' niet zonder gevolgen, maar wordt het verhoord.

22 Kahlil Gibran, *De Profeet*, Den Haag 1986 (30e druk; vertaling van *The Prophet*, 1923).

'Onze Vader'

Wanneer gij bidt, zegt: Vader, uw naam worde geheiligd; uw Koninkrijk kome…[23]

Wel bid ik altijd het Onze Vader. Dat beschouw ik als een 'doosje dat je niet moet openmaken'. Ik verander er geen woord aan, vervang het niet door een alternatieve of gemoderniseerde versie, laat het niet zingen. Ik geef van harte toe dat dat inconsequent is, maar soms is eerbied sterker. Weten dat diezelfde woorden eeuwenlang zijn uitgesproken door mensen die ons voorgingen, dat ze nog steeds zullen klinken als wij er niet meer zijn en dat ze in onze tijd in alle talen overal op de wereld worden uitgesproken door mensen in vreugdevolle en verdrietige omstandigheden, is daarvoor reden genoeg. Daar komt nog bij dat bijna iedereen het kent en dat het veel mensen dierbaar is. Het treft me altijd weer bij de voorbereiding van een uitvaart. Als ik het Onze Vader vragenderwijs aan de orde stel, is het antwoord vrijwel altijd 'ja', ook in buitenkerkelijke kringen. Ik leid het in met: 'Alles wat wij nog zouden kunnen zeggen [en dat zeg ik in de volle overtuiging dat er op dat moment eigenlijk helemaal niets meer te zeggen valt] of vragen, vatten we nu samen in de woorden van het Onze Vader.' En het treft me ook altijd weer dat vrijwel iedereen ingaat op mijn zo vrijblijvend mogelijk geformuleerde uitnodiging om het hardop mee uit te spreken. Waar of van wie ze het geleerd hebben weet ik niet, maar ze kennen het! Ik vind dat prachtig. Maar… het blijft inconsequent.

Ten slotte: voor bidden bestond vroeger niet eens een woord. In de tijden van het Oude Testament was bidden hetzelfde als leven, en dat uitte zich in verschillende vormen: smeken, vloeken, hui-

23 Lucas 11:2, NBG.

len, juichen, schelden enzovoort; geen aparte activiteit dus. En misschien ligt daar ook wel de sleutel: bij een manier van leven waarin bidden is opgenomen. Een soort biddend leven waarin het alledaagse gemengd is met de laag die daaronder zit. In mijn geval zijn die twee lagen nogal eens met elkaar in gesprek. Praat ik dan met mezelf? Natuurlijk. Maar toch, ik praat niet tegen of met God, maar ik ga wel het gesprek aan: 'Als mijn God zou kunnen praten, wat zou er dan gezegd worden?' Meestal is dat zoiets als: 'Ga jij vandaag maar eens die weduwnaar bezoeken die vorige week al in je agenda stond, of die lompheid van gisteren herstellen.' Als het lukt, kan ik voluit zeggen: dankjewel, God, dat je er was vandaag, en dat ik je nu even 'van achteren mag zien'[24]. Meestal wordt er niks teruggezegd. Soms krijg ik een knipoog. Daar doe ik het voor.

24 Beeld uit Exodus 33.

God en dood

'Denk je dat wij ooit afgelopen zijn, eekhoorn?' vroeg de mier op een keer.[25]

De laatste levensvraag is de vraag naar de dood. Voor die vraag geldt hetzelfde als voor alle andere levensvragen: levensantwoorden zijn er niet, je kunt de vraag alleen maar leven. En als je niet meer leeft, zijn er geen levensvragen meer, is het voorbij. Dood is dood. Logischerwijs is daar niets tegen in te brengen. Het is ook altijd en overal een waarheid als een koe geweest. Totdat er godsdiensten kwamen. Over hoe dat gebeurde en over de relatie tussen godsdienst en menselijke sterfelijkheid is door anderen al heel veel geschreven. Ik beperk me tot het christendom.

De dood is een 'specialiteit' van het christendom. Vooral door de invloed van de apostel Paulus is de dood van Jezus belangrijker geworden dan zijn leven: zijn opstanding zou moeten betekenen dat de dood overwonnen is. Daarna werd het aardse leven eeuwenlang bezien in het licht van een 'eeuwig' leven. Onsterfelijkheid, een eeuwig verblijf in het paradijs, was de grootste beloning die het christendom voor de gelovigen in petto had. De catechismus getuigt er nog van: 'Waartoe zijn wij op aarde? Om in het hiernamaals gelukkig te worden.' Pas in 1966, met de komst van de *Nieuwe Catechismus* (rooms-katholiek), werd dat 'hier en in het hiernamaals'. En ook nu nog, in onze overwegend postchris-

25 Toon Tellegen, *Misschien wisten zij alles*, Amsterdam 1999 (5e verm. druk), p. 360.

telijke maatschappij, blijkt de oude onsterfelijkheidsdroom lange armen te hebben.

Uit recent onderzoek[26] blijkt dat maar een kleine dertig procent van de Nederlanders niet gelooft in een leven na de dood, veertig procent gelooft er wel in, de rest twijfelt. Het plaatje is duidelijk: in meerderheid willen mensen liever niet dood. Hetzelfde onderzoek laat zien dat 63 procent van de leden van de PKN gelooft in een leven na de dood. In de kerk is het daarom *not done* om te zeggen 'dood is dood'. In de praktijk wordt de deur op een kier gehouden.

Daartoe fungeert met name het begrip 'Eeuwige'. Het dankt zijn populariteit vooral aan zijn multifunctionaliteit. Zo wordt het in gebeden gebruikt om God aan te spreken, maar ook en vooral om de suggestie te wekken dat wij weliswaar tijdelijke wezens zijn, maar dat God er altijd en eeuwig zal zijn, dus ook na onze dood. Wij zijn sterfelijk, en God is eeuwig. De tegenstelling suggereert dat de levensduur van God aanzienlijk langer is dan die van het mensdom. Maar dat wordt – zoals iedere theoloog weet – met 'eeuwig' niet bedoeld. Ook de term 'eeuwig leven' heeft niets van doen met oneindigheid of tijd, maar is een kwalificatie van het heden. Jezus zei het letterlijk: 'Wie mijn woord hoort en Hem gelooft, die Mij gezonden heeft, heeft eeuwig leven en komt niet in het oordeel, want hij is overgegaan uit de dood in het leven.'[27]

Als ik het snel zeg, heb ik, behalve Harry Kuitert, geen enkele theoloog horen beweren dat het, zonder een achterdeurtje open te houden, met de dood afgelopen is, 'over en uit'.[28] Ik ben het van harte met hem eens en ga nog een stapje verder. Kuitert heeft met zijn 'geloven als verbeelding' nog iets te bieden. 'God helpt je niet

26 De cijfers zijn gebaseerd op het in 2006 door het Sociaal Cultureel Planbureau uitgebrachte rapport *Godsdienstige veranderingen in Nederland.*

27 Johannes 5:24, NBG.

28 'Over en uit' is een hoofdstuktitel in *Voor een tijd een plaats van God.*

van de dood af,' zegt hij, 'maar God (als verbeelding) kan je er wel "in" helpen.' Hij gebruikt daarbij het voorbeeld van Psalm 23 aan een sterfbed: 'Hetzelfde blijft hetzelfde, doodgaan blijft doodgaan, maar de verbeelding stelt de stervende op zijn laatste tocht gerust: hij krijgt gezelschap.'[29] Ik spreek dat niet tegen, maar ik kan mij geen voorstelling maken van het geruststellende effect van Psalm 23 bij iemand die daar al niet (levens)lang mee vertrouwd is. Anders gezegd: als het werkt, dan is het alleen bij gelovigen-van-huis-uit.

Kuitert stopt daar zijn beschouwing over de dood. Ik ga verder, want ik wil me ook verstaan met sterfelijke atheïsten, met andere buitenkerkelijken en met binnenkerkelijke twijfelaars.

Als wij op de graven zouden kloppen en aan de doden vroegen of zij weer wilden opstaan, zouden zij hun hoofden schudden.[30]

Ik begin ermee te zeggen dat ik veel mensen ken die ervan overtuigd zijn dat het met de dood niet voorbij is. Een aantal van hen ken ik goed genoeg om te weten dat die overtuiging niet is ingegeven door angst of heimelijk sluimerende christelijke restantjes. Ik respecteer hun overtuiging, gun hun die ook van harte, en kan er weleens jaloers op zijn. Het is, wat mij betreft, net als met een talent voor tekenen: je hebt het of je hebt het niet. Ik heb het niet, naar mijn overtuiging is de dood het definitieve einde van het leven. Alle theorieën over een eventueel hiernamaals of leven na de dood beschouw ik als producten van menselijke weerstand tegen het gegeven dat wij eens, om het met Psalm 49 te zeggen, 'als de beesten zullen vergaan'. Dat het op de een of andere manier zou doorgaan, is zo mooi dat het alleen maar verzonnen kan zijn door mensen die zich niet kunnen voorstellen dat ze er eens niet meer zullen zijn.

29 Harry Kuitert, *Hetzelfde anders zien*, Kampen 2005, p. 125.
30 Irvin D. Yalom, *De Schopenhauerkuur*, Amsterdam 2005, p. 383.

Dood is dood, einde verhaal, of althans: einde van mijn levensverhaal. Dat ik zal 'voortleven' in verhalen van anderen, een overtuiging die met enige lenigheid ook theologisch is te vertalen in een visie op 'opstanding', is een ander verhaal. Maar dat verandert niets aan het gegeven dat met mijn dood mijn bestaan is beëindigd.

> *De eekhoorn schrok midden in de nacht wakker (...) Wat is later? dacht hij.*
> *Hij had het er wel eens met de mier over gehad, maar die had zijn schouders opgehaald en gezegd dat hij nooit van later had gehoord en dat het dus wel niks moest zijn.*[31]

En dan hoor ik de vraag: dat mag jij wel denken of zeggen, maar kun je dan wel predikant zijn? Wat heb je te zeggen aan sterfbedden en bij uitvaarten?

De vooronderstelling waarvan de vragensteller uitgaat, is me te gemakkelijk: alsof een christen, en zeker een predikant, als vanzelfsprekend gelooft dat er méér is na de dood.

Eerder maakte ik onderscheid tussen geloof en geloven. De genoemde veronderstelling bevindt zich op geloofsniveau en gaat er min of meer van uit dat het geloofsleven van een predikant zich afspeelt binnen de marges die door de kerkleer zijn vastgesteld. Die zijn naar mijn smaak nogal smal, en – zoals ik eerder aangaf – hopeloos ouderwets. Naar de letter zou een predikant moeten 'geloven' en verkondigen 'dat wij na onze dood onsterfelijk zullen worden'. En dat wij, 'als de door de Here bestemde tijd vol zal zijn voor de grote Rechter zullen verschijnen, ofwel om gepijnigd te worden in het eeuwige vuur, ofwel om de volkomen zaligheid te bezitten en gekroond te worden met heerlijkheid en eer'. Dat

31 Toon Tellegen, *Misschien wisten zij alles*, Amsterdam 1999 (5e verm. druk), p. 61.

krijg ik zelfs in verdunde vorm niet uit mijn keel.

Maar dan zijn we al voorbij de vraag of iemand er zindelijk – dat wil zeggen: zonder andermans persoonlijke integriteit aan te tasten – een verwachtingspatroon van het geloofsleven van een ander mens op na mag houden. En er is ook nog zoiets als theologische integriteit. De kerkleer staat niet zelden op gespannen voet met de bijbel, zeker als het over de dood gaat. Als theoloog zie ik het als mijn taak om die spanning aan de orde te stellen. En als predikant vind ik dat ik in mijn gemeenten daarvan kond moet doen. Dat leidt meestal tot andere koek dan de veronderstelde vanzelfsprekendheid dat er méér is na de dood. Want in de bijbel vind ik die niet. Kijk maar mee.

Er wordt anders over leven en dood gesproken dan wij gewoonlijk doen. De 'dood' komt in de bijbel[32] niet pas later, maar is er al tijdens je leven. Denk maar aan de woestijnroute: van Egypte (letterlijk 'doodsland') naar Kanaän (het land van belofte), van slavenhuis naar vrijheid. Zo ook in het Nieuwe Testament: op weg naar het koninkrijk Gods, van kruis naar opstanding. De weg gaat niet van leven naar dood, maar van dood naar leven. Bijbels gesproken kan een mens levend dood zijn. Het woord 'dood' typeert een manier van leven die de naam 'leven' niet waard is: blijven zitten waar je zit, het leven niet aandurven.

De opvattingen in het Oude Testament komen er in het kort op neer dat de dood als vanzelfsprekend bij het leven hoorde. Als je rechtvaardig en goed had geleefd, kon je in vrede sterven. En daarna ging je naar de *sjeool*, de onderwereld, de plaats onder de aarde waar alle doden zonder onderscheid terechtkwamen: zondaars, rechtvaardigen, armen, rijken, iedereen. Alle contact met

32 De volgende 'bijbelalinea's' bevatten aantekeningen uit de tijd dat ik nogal wat taal heb ontleend aan Huub Oosterhuis. Als ik slordig ben met citeren of bronvermeldingen, dan is dat onbedoeld.

God is daar voorgoed verbroken, JHWH is immers de God van levenden. Met andere woorden: dood is dood, punt.

Wie graag wat meer zou weten over een eventueel voortbestaan, moet niet in de bijbel zijn, althans niet in het Oude Testament. Daar wordt juist de nadruk gelegd op de mogelijkheid (en me dunkt dat die niet weinig bemoedigend is) om een leven lang te geloven in God zonder enig uitzicht op een hiernamaals. Het aanvaarden van de dood als definitieve grens kan dus heel goed samengaan met geloven in God. Zo is het zelfs begonnen.

> *Veel ongelovigen zijn van mening dat godsdienst is ontstaan uit angst voor de dood en hoop op een eeuwig leven. Het Jahwisme is daaruit niet ontstaan.*
> *De aartsvaders gingen zonder illusies hun graf in.*[33]

In het Nieuwe Testament komt de natuurlijke dood niet eens voor. Sterfelijk zijn is de praat kennelijk niet waard, zo vanzelfsprekend is het. Van Jezus wordt ook nergens verteld dat hij bejaarden uit de dood heeft opgewekt. Zijn protest tegen de dood is niet gericht op sterfelijkheid, maar op doodbaarheid, of een te vroege, oneerlijke dood.

Ook voor Jezus zelf geldt: dood is dood. Paulus, de oudste getuige, ontkent nergens de kruisdood. Wat hem betreft is Jezus dood en begraven. Maar in plaats van een punt zet hij een komma, en daarachter komt 'opstanding'. Van de dode wordt niet gezegd dat hij nog leeft. De kruisiging is niet ongedaan gemaakt, Paulus verkondigt de opgestane Christus als de gekruisigde. Jezus was en bleef dood. Als hij de 'levende' wordt genoemd, dan is dat niet om zijn dood tegen te spreken, maar om er iets aan toe te voe-

33 Guus Kuijer, *Hoe een klein rotgodje God vermoordde*, Amsterdam 2006, p. 133.

gen. En hij zou nooit de 'opgestane' zijn genoemd als mensen al niet tijdens zijn leven iets in hem hadden gezien wat sterker was dan de dood. Ik herinner nog even aan wat ik hiervoor schreef over 'symbolisch spreken': de bijbelschrijvers schreven met bekende woorden in gewone huis-tuin-en-keukentaal over het ongewone. Dat geldt ook voor het woord 'opstanding'. Het bestond al lang voordat Jezus werd geboren, en het is later gebruikt om aan te geven wat hij heeft betekend. Het zou niet op hem zijn toegepast als het voorheen niet al lang had bestaan, want dan had niemand het begrepen. Dat er nóg later van is gemaakt dat hij na zijn dood weer op deze aarde zou hebben rondgelopen, is een verhaal waar de bijbelschrijvers zelf niets van zouden hebben begrepen.

Al met al steunt de bijbel geen speculaties over wat er na de dood voor een mens in het verschiet ligt. Bijbels gesproken hoeft leven niet zinloos te zijn als – of omdat – het met de dood eindigt. Een gelovig leven heeft kennelijk geen ander doel dan het leefbaar maken en houden van het leven hier en nu.

In het vorige hoofdstuk heb ik geloven een levenshouding genoemd, een manier van leven, van omgaan met het alledaagse aardse mensenbestaan. Hier zou ik eraan willen toevoegen dat de dood als levensvraag niet op zichzelf staat, maar onlosmakelijk is verbonden met dat alledaagse leven. De dood buiten de deur houden is eigenlijk maar 'half leven'; wie de dood van zich afhoudt, houdt ook het leven van zich af.

Etty Hillesum schreef in haar dagboek: 'De mogelijkheid van de dood is absoluut in mijn leven opgenomen, mijn leven is als het ware verruimd met de dood, met het onder ogen zien en aanvaarden van de dood (...) als behorend bij dit leven (...) Het klinkt bijna paradoxaal: door de dood buiten zijn leven te sluiten, heeft men nooit een volledig leven, en door de dood binnen zijn leven op te nemen, verruimt en verrijkt men het leven.'[34] Van dat besef word je waarschijnlijk geen dag ouder, maar je leeft er vrijwel zeker langer door.

Ook op de laatste levensvraag is er, zelfs met de bijbel in de hand, geen antwoord. Het hoeft ook niet. Ik ben er zelf getuige van geweest hoe oude en jonge mensen rustig en zonder angst afscheid namen van het leven. Soms met vage verwachtingen, zelden met antwoorden. In de regel sterft een mens uiteindelijk zoals hij heeft geleefd. Ik zou dat niet durven zeggen als ik het niet zelf zo vaak bevestigd had gezien. De levensweg van een mens is als een tocht in een roeiboot: je roeit naar wat je niet ziet, de weg die achter je ligt bepaalt de richting. En de reis gaat naar het onbekende.

Paulus schrijft: 'Want als wij leven, het is voor de Here, en als wij sterven, het is voor de Here.'[35] Ik zou er graag een paar woorden aan veranderen: 'Als wij leven, het is met vragen, en als wij sterven, het is met vragen.'

34 Etty Hillesum, *Het verstoorde leven*, Haarlem 1981 (5e druk), p. 110-111.
35 Romeinen 14:8, NBG.

4.

Toekomst voor de kerk?

Als vervolg op de vraag 'hoe doe je dat?' ga ik in dit hoofdstuk in op de vraag hoe ik het graag zou willen doen. In wat voor kerk zouden ik en – naar ik meen – met mij vele anderen van binnen en buiten de kerk zich thuis voelen? De vraag of wat ik zou willen in mijn (PKN-)kerk ook mogelijk is, laat zich niet in één regel beantwoorden. Ik nodig de lezer eerst uit voor een rondje om en in die kerk, om vervolgens de conclusie te trekken dat het er droevig gesteld is: bij ongewijzigd beleid zullen er over enkele decennia alleen nog orthodoxe kerkgangers overblijven, de rest is uitgestorven of weggelopen.

Kan het anders? Ja, denk en hoop ik, maar niet zonder de hulp van atheïsten! Ten slotte schets ik het hoopvolle beeld van een gedroomde toekomstige kerk.

Rondje om en in de kerk

Wie in Nederland een rondje om de kerk maakt, wordt daar niet vrolijk van. Van nieuwbouw is al tijden nauwelijks meer sprake, kerken worden gesloopt of veranderen in appartementencomplexen, kantoren, supermarkten of fietsenstallingen. In wat er aan kerkgebouwen nog staat, lopen meer toeristen rond dan kerkgangers.

Om de zo veel tijd wordt een onderzoek gedaan waaruit blijkt dat er sinds het vorige onderzoek niets nieuws onder de zon is: de leegloop gaat onverminderd door. Mensen redden het wel zonder God, of althans zonder wat in de kerk God wordt genoemd. Alle borden wijzen dezelfde kant op: nog even en het is afgelopen met de kerk.

Sinds de mensen niet meer in God geloven, geloven ze in alles.[1]

Als we de enquêtes mogen geloven, wordt er in Nederland steeds minder geloofd. Als dat waar is, is dat meteen een goede reden om dat niet te geloven. Het is ook niet zo, want blijkens diezelfde enquêtes mag de kerk dan op haar retour zijn, de belangstelling voor 'religie' is groter dan ooit. Kerkelijke optimisten interpreteren die toenemende religieuze belangstelling als zou er voor hun God nog hoop zijn. *Wishful believing* noem ik dat. In werkelijkheid wordt religieuze belangstelling verward met culturele belangstelling voor het christelijke erfgoed. Dat geeft ook beter weer dat het

1 G.K. Chesterton.

een nalatenschap betreft: de theïstische christelijke God is voor de meeste mensen allang dood, en de 'levende' God wordt steeds buitenkerkelijker. Verschijnselen als het ietsisme illustreren dat mensen wel van God af willen, maar niet van hun geloof.

Wie om zich heen kijkt, ziet het zelf: lezingen, bezinningsbijeenkomsten, cursussen, theatervoorstellingen, films, tentoonstellingen en muziekuitvoeringen worden druk bezocht, kloosters en retraiteoorden hebben wachtlijsten, kerkbanken zijn leeg. Alles wijst erop dat geloof niet verdwijnt, maar verandert en dat niet ongeloof aan de orde is, maar vooral vervreemding van voorverpakt kerkelijk geloof. Mensen geloven niet meer op gezag van een kerk, ze lusten geen hapklare brokken meer. Ze stellen hun eigen geloofsmengsel samen uit christelijke elementen en reïncarnatie, astrologie, telepathie, spiritisme, yoga, holistische filosofieën, theosofische ideeën, pendelen, tarotkaarten, noem het maar. Dus er wordt misschien niet meer zo veel geprezen, maar nog wel van alles geloofd.

Intussen is de frustratiegeneratie à la Maarten 't Hart aan het uitsterven. Mensen die van kerk en geloof niets meer willen weten hebben kinderen gekregen die er niets van weten: een groot deel van de jongere Nederlanders weet zelfs bij benadering niet waar het in het christelijke geloof over gaat. Die onwetendheid heeft als voordeel dat er wellicht ruimte komt voor onbevooroordeelde interesse. Anders gezegd: de rancune maakt plaats voor nieuwsgierigheid. Maar je hoeft geen profeet te zijn om te zien dat die nieuwsgierigheid niet zal leiden tot kerkelijke aanwas. Overal wordt naar zin gezocht, behalve in kerken. Hoe zou dat komen?

Naar binnen

Wie op zondag een willekeurige kerk bezoekt, heeft al na een paar minuten het antwoord: er wordt een ritueel voltrokken dat sinds de middeleeuwen nauwelijks is veranderd: preekstoelen, orgels, psalmen, liturgische gewaden, het is allemaal als vanouds. Stel je voor: je bent nog nooit in een kerk geweest en op een goede zondag waag je de stap. Je zit nog maar net, er loopt iemand (de 'ouderling van dienst') naar de microfoon, die jou een goede morgen wenst op deze zondag 'exaudi' en de daarbijbehorende psalm aankondigt. Daarna is het woord aan de voorganger, die je achtereenvolgens meedeelt dat 'onze Hulp is van de Heer die hemel en aarde geschapen heeft', en 'genade zij u van onze Heer Jezus Christus'. Dan sta je toch alweer buiten?

Elke organisatie zou zich achter de oren krabben: kennelijk sluiten vraag en aanbod niet op elkaar aan, zou er iets mis zijn met het aanbod? Moet het roer niet om? Zo niet de kerk, ze staat erbij en kijkt ernaar. De vraag wat er aan de hand is, lijkt nauwelijks door te dringen. Helemaal verwonderlijk is dat niet. De Rooms-Katholieke Kerk demonstreert bij elke nieuwe pauskeuze dat zij maar één versnelling hanteert: achteruit. De PKN is een halve eeuw bezig geweest met het Samen op Wegproces, dat uiteindelijk leidde tot haar eigen totstandkoming. Wat er zich in die tussentijd in de maatschappij afspeelde, lijkt niet te zijn opgemerkt. Dat blijkt onder meer uit de nieuwe kerkorde, die in 2004 niet zonder trots werd gepresenteerd. Wie hem doorbladert, waant zich in een tijdmachine: 'Ambten kunnen alleen vervuld worden door belijdende leden, (...) de gemeente is geroepen te blijven in de weg van het belijden van de kerk. (...) De kerk belijdt telkens in haar vieren, spreken en handelen Jezus Christus als Heer en Verlosser van de wereld en roept daarmee op tot vernieuwing van het leven in cultuur, maatschappij en staat.' Het conservatisme lijkt genetisch te zijn geworden. Zie de theologische discussies: de godheid van Jezus, verzoening – wie het een beetje volgt, krijgt al gauw een stijve nek van het achteromkijken.

Van binnen naar buiten

Hoe de kerk naar buiten wil treden en wat haar visie op de toekomst is, is vastgelegd in haar 'troonrede' die in oktober 2005 verscheen: *Leren leven van de verwondering – Visie op het leven en werken van de kerk in haar geheel.* Het begin is veelbelovend: 'Ook willen wij ons nadrukkelijk richten op die groepen mensen die wij met onze huidige manier van kerk-zijn niet bereiken.' Maar het ruikt al snel naar azijn: 'Veel mensen ervaren deze (kerkelijke) gemeenschap als onnodig; zij putten zelfstandig uit allerlei spirituele bronnen en geven soms ook aan de bijbel een plaats. Dit individualistische godsgeloof heeft echter zijn grenzen. Het geloof dient gedragen te worden door een brede geloofsgemeenschap, die door Woord en sacrament wordt gevoed.' En weldra komt de aap uit de mouw: 'Want hoe verscheiden de Protestantse Kerk ook is, toch gaat het in de veelkleurigheid van de Kerk om de belijdenis van de Naam boven alle namen, Jezus Christus.' Wie zoiets leest laat toch meteen weer alle hoop varen?

Het document illustreert dat de kerkelijke gordijnen nog steeds potdicht zitten. Het taalgebruik komt op de eigen achterban wellicht als vertrouwd en positief over, maar voor een buitenstaander zijn het buitenaardse geluiden.

De voorpagina van *Trouw* van 23 maart 2007 meldde onder de kop 'Protestantse kerken zijn ontevreden over de IKON': 'Volgens (...) het kerkbestuur moet de IKON vanuit de protestants-christelijke identiteit meer geprofileerd inspelen op de hernieuwde belangstelling voor levensbeschouwing en religie.' In gewoon Nederlands heet dat 'zieltjes winnen'. Immers, de protestants-christelijke identiteit is helder: Jezus Christus is onze Heer en Verlosser. Het gegeven, of de mogelijkheid, dat die hernieuwde belangstelling juist naar iets anders uitgaat, wordt niet eens overwogen. Nadere toelichting op wereldvreemdheid en naïviteit lijkt me overbodig.

Het innemen van standpunten in het maatschappelijke of politieke debat komt meestal pas op de agenda als alle anderen al hebben gesproken, of wanneer het uit angst voor verdergaand ledenverlies niet meer verantwoord is om langer te zwijgen.

In de discussie over *intelligent design* heeft de kerk zich niet gemengd. De 'specialisten' zwijgen, een gotspe! Over God gesproken: over God wordt helemaal niet gesproken. Vragen of onzekerheden worden afgedaan met een verwijzing naar Jezus. Terwijl Jezus niet anders deed dan naar God verwijzen!

Terug naar binnen

Binnen de kerk blijft alles intussen bij het oude. Alle 'vernieuwingspogingen' hebben er niets aan veranderd dat de liturgie alleen te begrijpen is door mensen die het christendom met de paplepel hebben binnengekregen. Voor de overigen is het net cricket: wel leuk om naar te kijken, maar niemand snapt de spelregels.

Eigenlijk is er niets veranderd en wijst niets erop dat er iets zal veranderen. Dat is het manco en tegelijkertijd de tragiek: het onvermogen om te moderniseren is ook onwil, tegen wil en dank. De kerk kan of wil helemaal niet van deze tijd zijn, omdat de overheersende stroming, de orthodoxie, het tegendeel van eigentijds nastreeft en het alleen maar wil houden zoals het altijd is geweest. Dat is uiteraard haar goed recht, maar het trekt de verhoudingen binnen de PKN scheef, en de uitkomst is altijd hetzelfde liedje: de anderen moeten net zo lang water bij de wijn doen tot het rechtse vetoblok tevreden is gesteld.

Maar het liedje werd al in de middeleeuwen gecomponeerd, en mensen van vandaag verstaan het niet meer. De wereld is veranderd, we leven, denken en geloven anders dan vroeger. Van de meerderheid van de gelovigen kan niet worden verwacht dat zij uit de voeten kunnen met een geloofsleer die meer dan vierhonderd jaar geleden voor het laatst is veranderd.

Als het rondje is voltooid, kan de conclusie helaas niet anders zijn dan dat er een enorm brede kloof gaapt tussen binnen en buiten, tussen wat zich binnenkerkelijk afspeelt en wat zich aandient in de wereld. De kerk vervreemdt steeds meer van de vragen die mensen in onze samenleving bezighouden. Schillebeeckx[2] krijgt gelijk: niet de mensen verlaten de kerk, maar de kerken zijn niet meer te vinden waar het reële leven van mensen zich afspeelt.

Het ziet er somber uit. De kerk denkt nog steeds een boodschap voor de wereld te hebben, maar heeft niet in de gaten dat de wereld daar geen boodschap meer aan heeft. En díé boodschap wil maar niet doordringen. De vraag waarom mensen de kerk uitlopen, wordt niet op de agenda gezet. Laat staan de vraag waarom geen (nieuwe) mensen de kerk binnenlopen. Waarschijnlijk zitten ze niet te wachten op 'deelhebben aan het in Christus geschonken heil'.

Intussen dringt de tijd. De gemiddelde leeftijd van kerkgangers is hoog, dat hun kinderen naar een kerk gaan is nog maar vrij zeldzaam, nieuwe intreders zijn uitzonderingen. Nog hooguit één generatie. Het roer moet dus om.

Maar ik vrees, of weet, dat de kerk dat niet op eigen kracht kan. Als ik het heel vriendelijk zeg: daarvoor is haar bestuur zich te weinig bewust van wat er buiten de kerkmuren leeft. In synodevergaderingen zal dat echt niet veranderen, de stuurlui zullen van buiten moeten komen. En dan denk ik niet aan externe bureaus, maar aan onverdund atheïsme.

2 Edward Schillebeeckx, dominicaan, hoogleraar theologie.

In gesprek met atheïsten

Naar mijn mening is niemand beter geschikt om de kerkelijke oogkleppen af te trekken dan een atheïst, omdat hij wel de laatste is die zich kerkelijke knollen voor citroenen laat verkopen. De vijand uitnodigen? Aan tafel met lieden die de spot drijven met kerk en geloof? Jezus was er niet te benauwd voor. Hij ging met Jan en alleman aan tafel, en het resultaat was religieus gesproken vrijwel altijd positief. Alleen om die reden al is het het proberen waard om eens over vooroordelen heen te stappen. Atheïsten zouden weleens de ideale maatstaf kunnen zijn voor wat het kerkbestuur 'hernieuwde belangstelling' noemt. In het eerste hoofdstuk wees ik er al op dat de grote bak van kerkverlaters in feite atheïst is, in die zin dat zij met de theïstische God van de kerk niet meer uit de voeten kunnen.[3]

Wek de dode christenheid uit haar zelfverzekerdheid.[4]

Wat is er van de atheïstische gesprekspartner te verwachten? Om te beginnen natuurlijk dat hij tegenspreekt dat God bestaat. Daar hoeft de kerk hem geen gelijk in te geven, het zou al heel wat zijn als van zijn bewering een vraag werd gemaakt: bestaat God?

3 Inmiddels is het percentage Nederlanders dat zich tot een kerkgenootschap rekent gezakt tot twintig à vijfentwintig. Dat betekent ongeveer dat ten minste drie kwart van de Nederlandse bevolking niet gelooft in de theïstische God van de kerk. Ook al noemen zij zichzelf niet zo, in feite zijn ze dus atheïst.

4 *Liedboek voor de kerken*, gezang 313.

Dan worden eindelijk de mensen serieus genomen die daaraan twijfelen. Of ermee worstelen: als God niet bestaat, wat blijft er dan over, wat is er dan nog te geloven?

De atheïst zal, rationeel als hij is, de gelovige graag confronteren met diens nuchtere verstand. Geloof je dat nou echt, dat Jezus over het water heeft gelopen? Dat kan toch geen mens, dus ook Jezus niet. Geloof je dat nou echt, dat God liefde is? Is dat dezelfde God als die in het boek Job een weddenschapje afsluit met de duivel, met als gevolg dat een onschuldig mens in de ellende wordt gestort? En dat bidden van jullie, geloof je nou echt dat daar iemand naar luistert? Dat zijn geen gemakkelijke vragen. Maar wie naar zijn eigen leven kijkt, zal waarschijnlijk zien dat het juist de moeilijke en soms pijnlijke vragen waren die je op weg hebben geholpen. En meestal is er iemand anders nodig om jou te laten kijken naar de stukken waar je liever niet naar kijkt.

In het collectief, 'de gemeenschap der kerk', is het net zo. Over veel onderwerpen wordt nauwelijks gesproken, laat staan dat er kritische vragen over worden gesteld. We zijn het onder ons wel eens en stellen onze heilige huisjes niet ter discussie. De atheïst doet dat wel: hoezo, Heilige Geest? Als niemand kan uitleggen wat daarmee wordt bedoeld, waarom schaf je die dan niet af? En hoezo, Jezus Verlosser, waarvan dan? En hoezo, hét evangelie, er zijn er toch – ten minste – vier? En waarom zou God zich wel in Jezus hebben geopenbaard en niet in Boeddha? Niemand die het weet. Prima, laten de onzekerheid en de verlegenheid maar onder de tafel vandaan komen. Ze horen erop.

Het achterlijke taalgebruik dat in de kerk als heel gewoon wordt beschouwd, zal in atheïstische ogen geen genade vinden. Termen als 'broeders en zusters', 'verkondiging', 'visitatie', 'scriba', 'herder en leraar' en 'ordinantie' kunnen wat hem betreft wel uit de roulatie worden genomen. Stel je voor, je weet van niets en je vraagt: 'Is hier ook een wc?' En je krijgt als antwoord: 'Ja, naast de consistoriekamer, ziet u daar de kerkrentmeester die bij het liturgisch centrum staat te praten met de tertius van het breed moderamen van de classis?' Dan heb je toch al in je broek geplast?

Het lijkt soms wel of niemand in de kerk zich realiseert of zich er druk om maakt dat de vorm, de zogenaamde liturgie, op een niet-ingewijde overkomt als een wereldvreemd, archaïsch ritueel, om niet te zeggen een poppenkast. Het is een atheïst wel toevertrouwd om over alle onderdelen vragen te stellen: votum, kyrie en gloria, gebed voor de opening van de Heilige Schrift, zwarte collectezakken, de Zegen des Heren – wil je daar de toekomst mee in? En kun je van een weldenkend modern mens verwachten dat hij Psalmen gaat zitten zingen?

En er mag ook weleens gelachen worden. Ik zou ook zeker Herman Philipse uitnodigen. Hij mag dan als atheïst niet helemaal zuiver op de korrel zijn[5], dat wordt royaal gecompenseerd door zijn humor. Wat dacht je van 'atheïsten zijn niet arrogant, ze denken alleen beter na'[6].

En ten slotte: ook de christelijke traditie gaat door de zeef. Maar dat is letterlijk een hoofdstuk – of in dit geval een paragraaf – apart.

5 In hoofdstuk 1 noemde ik Philipse een 'bastaardatheïst'. Nu ben ik alweer niet zo aardig. Dat komt – ik zeg het met nadruk – niet in mindering op mijn respect voor Philipse als mens en als geleerde.

6 Harm Visser, a.w., p. 89.

De christelijke traditie

Elk van hen verandert, zoals het bij zijn eigen temperament past, de tradities die hij ontvangen heeft, zoals ook degene die ze doorgaf ze heeft aangepast, toen hij ze een eigen vorm gaf.[7]

De kerk hoeft het gesprek niet te vrezen. Zelfs een atheïst zal de christelijke traditie niet willen afschaffen. Als hij weleens door Rome of Florence heeft gewandeld, heeft hij zelf gezien dat je daar amper iets begrijpt van wat je ziet als je niets weet van die vergaarbak van verhalen, voorstellingen, rituelen en afbeeldingen, die tezamen het christelijke 'erfgoed' vormen.

Maar hoe zou het zijn als een middeleeuwer een reis door de tijd en een wandeling door Rome mocht maken? Hij zou waarschijnlijk binnen een kwartier gestikt zijn in de uitlaatgassen. Wij zijn anders dan middeleeuwers, we zijn met de vervuiling meegegroeid, we weten meer, we leven langer, we eten anders, we geloven anders. En daarom is het niet redelijk dat van een mens van deze tijd wordt verwacht dat hij stikt in middeleeuwse godsbeelden.

Ziedaar in het kort de boodschap, of uitnodiging, aan de kerk: zie in en geef toe dat mensen veranderen, geef hun de ruimte om op hun eigen individuele manier met de traditie om te gaan, en help hen daarbij. Erken dat traditie mensenwerk is, dat elk goddelijk of anderszins 'hoger' gezag er door mensen aan is toegekend, en dat mensen van vandaag wat dat betreft niet minder rechten hebben dan die van vroeger. Dat zal de kerk zomaar niet toegeven. Zij heeft het verleden tot hogere macht verheven door er in haar leer aan vast te houden dat ooit vastgelegde dogma's en belijdenissen onveranderlijke waarheden zijn zonder houdbaarheidsdatum.

7 Tertullianus, kerkvader die leefde rond 200.

Natuurlijk zijn wij grotendeels wie we zijn door wat zich eerder heeft voorgedaan, en voor veel gelovigen geldt dat de kern van hun geloof teruggaat op wat vroeger door anderen is beleefd, uitgedrukt en overgeleverd. Maar dat neemt niet weg dat vrijwel alle belijdenisgeschriften tot stand zijn gekomen in de hitte van de strijd. Eenzijdig, conflict- en tijdgebonden dus. Latere generaties kunnen die geschriften alleen recht doen door ze met een flinke korrel zout te nemen en ze door hun eigen zeef te laten gaan. En de kerk zou hen daarin mogen of moeten voorgaan. In plaats van antieke documenten heilig te verklaren zou zij zich tot taak moeten stellen om mensen van nu, met hun kennis en ervaringen van nu, in taal van nu uit te leggen wat de woorden betekenen waarmee vroegere generaties hun ervaringen hebben weergegeven. Het uitgangspunt hoort dus in het heden te liggen, een traditie kan alleen 'levend' worden gehouden door een kerk die bereid is om te laten zien wat die traditie kan betekenen voor een mens die in de eenentwintigste eeuw leeft. Zolang de evolutie niet stopt, zal menselijke godsbeleving blijven veranderen. De meeste gelovigen zullen, om maar een voorbeeld te nemen, niet meer uit de voeten kunnen met artikel 28 van de *Nederlandse Geloofsbelijdenis*: 'Wij geloven, aangezien deze heilige vergadering is een verzameling dergenen die zalig worden, en dat buiten haar geen zaligheid is, dat niemand van wat staat of kwaliteit hij zij, zich behoort op zichzelven te houden, om op zijn eigen persoon te staan; maar dat zij allen schuldig zijn, zichzelven daar bij te voegen en daarmee te verenigen, onderhoudende de enigheid der kerk...'

Naarmate geloven steeds meer een eigen keuze is geworden, hebben mensen meer moeite gekregen met het aanvaarden van de traditie als een geheel. Voor velen van hen is de traditie als een bad waarin zij tegen wil en dank zijn ondergedompeld. Maar die oude teksten komen steeds losser te staan van de werkelijkheid waarin we leven. De kerk zou daarom een selectief gebruik van de traditie juist moeten aanmoedigen. En mogelijk maken. Als zij wil waarmaken wat zij in *Leren leven van de verwondering*[8] schrijft – 'Ook willen wij ons nadrukkelijk richten op die groepen mensen die wij met onze huidige manier van kerk-zijn niet bereiken' – dan zou ze kunnen beginnen met haar traditie verstaanbaar te maken voor die groepen, en deze kunnen aanbieden als een soort grabbelton waaruit iedereen naar eigen voorkeur een greep kan doen. Het grabbelen zelf kan aan het individu worden overgelaten.

Wordt het zo niet erg subjectief, relativeer ik niet te sterk, gooi ik niet de traditie te grabbel? Lijkt me van niet. De waarheid van een tekst wordt toch pas waarheid als het jouw of mijn waarheid wordt? Liever doorleefde dan objectieve waarheid. Het heeft toch geen zin iets voor waar te houden als je waarachtigheid daarmee in de knel komt? Laat iedereen zelf maar bepalen of en welke elementen hij wil grabbelen. Laat hem zelf maar nagaan of overgeleverde uitspraken kloppen met zijn eigen ervaringen. En zo niet, dan klopt er niet iets niet bij hem, maar bij de traditie.

De vraag is dus niet: 'Beweeg ik me nog wel in de christelijke traditie?' maar: 'Klopt de traditie met mij? Dat is geen reclame voor vrijblijvendheid ten opzichte van die traditie, maar juist een uitnodiging om die grondig te onderzoeken en datgene te laten vallen waar niet meer mee te leven en in te geloven valt. Iemand zal alleen van harte 'ja' kunnen zeggen tegen stukjes van de traditie als hij er vanuit zijn eigen ervaringen iets in herkent.

En daar ligt de toekomst van de traditie, en mijns inziens ook die van de kerk: aansluiting vinden, respectievelijk openingen bieden naar die ervaringen, beelden en taal aanreiken die mensen

8 Protestantse Kerk in Nederland: *Leren leven van de verwondering – Visie op het leven en werken van de kerk in haar geheel. Rapport voor de generale synode*, Utrecht, september 2005.

helpen bij hun pogingen om hun eigen ervaringen te duiden. En dat gaat niet alleen op voor christenen of kerkgangers. Er zijn genoeg mensen die nooit naar een kerk gaan, maar wel Jezus zien als een inspirerend voorbeeld.

Traditie dus als voor elk wat wils: voor de al of niet reeds afgehaakte twijfelaars, voor los rondlopende zinzoekers, en ook voor mensen die de christelijke traditie niet nodig hebben om in God te geloven, maar die alleen goed voorbereid door Rome willen wandelen.

The morning after

Wat kan het gesprek met atheïsten opleveren? Een godsbeeld dat van alle theïsme is ontdaan: God bestaat niet meer en kan daardoor weer God zijn. De antwoorden zijn verdwenen, de vragen eronder zijn weer zichtbaar geworden en voor iedereen herkenbaar. De liturgie is bij de tijd gebracht en ontdaan van elementen die een nieuwkomer kunnen afschrikken. Er wordt geen kerkelijk dialect meer gesproken, maar de taal van de wereld. Verstandelijke blokkades zijn opgeheven: van niemand wordt verwacht dat hij iets gelooft waarvan zijn verstand zegt dat het onmogelijk is. Taal en inhoud van de christelijke traditie zijn toegankelijk gemaakt voor niet-ingewijden. Me dunkt, daar kunnen we de toekomst wel mee in.

Is het ook realistisch? Eerder sprak ik van een 'gewogen meerderheid' van de orthodoxie in de kerk. Die zal met name van zich doen spreken als het de traditie betreft. Het is rijkelijk optimistisch om te verwachten dat er binnen de rechtervleugel[9] voldoende bereidheid bestaat om de bakens richting toekomst te verzetten. Zij zal het blijkens haar doelstelling zien als 'nood-

9 Ik doel op de 'Gereformeerde Bond tot verbreiding en verdediging van de Waarheid in de PKN'.

zaak om op te komen voor de leer van de Reformatie, zoals die met name in de belijdenisgeschriften is verwoord'.

Ik maak me geen illusies. In de jaren negentig was ik bestuurslid van de landelijke Vereniging van Vrijzinnige Protestanten[10]. In die periode was de nieuwe (toen nog Samen-op-Weg-)kerkorde in voorbereiding. Van vrijzinnige kant werden enkele amendementen ingediend in de sfeer van 'bij voorkeur' of 'zo mogelijk' in plaats van 'uitsluitend'. Geen enkel voorstel werd aangenomen. Ik heb toen aan den lijve ondervonden dat alle vriendelijke woorden slechts schijnbewegingen waren: tegengeluiden werden en worden ter rechterzijde op zijn best gedoogd, op zijn slechtst geminacht, maar hoe dan ook niet serieus genomen.

In *De Waarheidsvriend*, het weekblad van de Gereformeerde Bond, schreef redacteur Vergunst op 15 september 2005 een reactie op de visie van synodebestuurder Plaisier, die aangaf ook met vrijzinnigen in gesprek te willen blijven: 'Hier raakt de Kerk haar eigen identiteit, haar voortbestaan, haar toekomst en hier is de naam en eer van haar Heere in het geding.'

10 De naam was toen nog 'Vereniging van Vrijzinnige Hervormden'.

Boedelscheiding

Als zelfs een gesprek niet mogelijk is, wat heb je dan nog samen onder één dak te zoeken? Van die vraag maak ik een voorstel: haal ze uit elkaar. En dan heb ik niet alleen de vrijzinnigen op het oog, maar ook andere profielen als de zogenaamde middenorthodoxie of de beweging Op Goed Gerucht. Zet ze apart, leg hun een zwijgplicht namens allen op, laat ze ieder voor zichzelf spreken.

Ook dat zal er zomaar niet van komen. In het blad *Woord en Dienst* van 27 mei 2006 reageerde Plaisier op het idee van Erik Sengers om van de PKN een holding te maken met een sterk 'merkenbeleid', aangezien de pluriforme kerk als geheel geen herkenbaar geluid laat horen: 'Dit is juist de opgave voor de PKN op weg naar de toekomst: een weg vinden om, gegeven de pluriformiteit, de eenheid gestalte te geven. Eenheid, niet als de optelsom van de afzonderlijke delen, maar eenheid als datgene waarvan je uitgaat. De pluriformiteit staat dan niet in dienst van de verschillen, maar van de eenheid. (...) Die eenheid is niet de eenheid van het bedrijf maar de eschatologische gemeenschap die de eeuwen omspant, op weg naar de eenheid met haar Hoofd. Pluriformiteit staat ten dienste van het getuigenis aangaande onze Heer en Heiland Jezus Christus.(...) Onze diepste eenheid is niet iets, maar Iemand. Onze diepste identiteit is in Christus.' Aldus Plaisier.

Om de pluriformiteit te illustreren: ik ben het met vrijwel elk woord van hem oneens, wat mij betreft staat hij met zijn rug naar de toekomst.

Voor die toekomst zie ik geen andere mogelijkheid dan een

scheiding der geesten. Als de uitstraling van de kerk bepaald blijft door behoudende censuur, gaat de leegloop onverminderd door tot er een orthodox reservaat overblijft.

De organisatorische vorm laat ik graag aan deskundigen over. Het gaat me om het resultaat: echte, en niet alleen met de mond beleden pluriformiteit. Aan rechtzinnige zijde kan dan alles blijven zoals het was, bij de anderen kan de deur naar de wereld en de toekomst open.

De kerk als eetcafé

Boven die deur prijkt een naambord waaruit blijkt dat het leven altijd groter is dan wij kunnen bevatten, dat er achter elk uitroepteken een vraagteken wordt geplaatst en dat God altijd anders is dan wij denken te weten.

Binnen gaat het er anders aan toe. De accenten zijn verschoven: van christelijke godsdienst naar religie of spiritualiteit, van gemeenschap naar individu, van antwoorden naar vragen, van verkondiging naar bezinning, van waarheid naar zinvraag, van preken naar spreken. Er is ruimte voor iedereen, ongeacht levensbeschouwelijke achtergrond. Vanuit het besef dat niemand geholpen is met een antwoord dat hij uit zichzelf nooit zou kunnen vinden, ligt de nadruk sterk op eigen verantwoordelijkheid en ieders recht om eigen geloofskeuzes te maken. Twijfelen wordt beschouwd en gerespecteerd als uitdrukking van een religieuze houding. De zoekende moet mogen zoeken, de ongelovige mag ongelovig zijn.

Er wordt ook anders gecommuniceerd. Er wordt niet gesproken van diensten met liturgieën, maar van bijeenkomsten met een programma. Er is ruimte voor dialoog, met in plaats van preek of overdenking een lezing of tafelgesprek. Credo's en dogma's zijn taboe: over God en waarheid wordt alleen in de eerste persoon enkelvoud gesproken.

Termen als 'religieus toerisme', 'hutspotreligie' en 'God à la carte' worden hier niet in denigrerende zin gebruikt. Integendeel: het zelf in elkaar zetten van een eigen geloofspakket wordt juist aangemoedigd.

Jezus krijgt het – christelijk gesproken – af en toe zwaar te verduren: hij krijgt de plaats die hem toekomt tussen zijns gelijken zoals Boeddha, Socrates, Confucius, Ghandi en Albert Schweitzer. Geen Zoon van God, geen opgestane verzoener, verlosser of middelaar, maar voorbeeldmens, superhumanist, wijsheidsleraar, wegwijzer naar het jodendom, inspirator in de strijd tegen onderdrukking, of noem het zelf maar.

> *In mijn nieuwer testament – of vernieuwd testament – spelen belijdenissen en dogma's geen rol meer. (...) In mijn visie kan van dwang of bindende voorschriften geen sprake zijn. Ieder mens is vrij zijn eigen weg te kiezen.*[11]

Het ziet er binnen ook anders uit. De bijbel ligt op de boekentafel, naast de Koran, de Veda's, de boeken van de Dalai Lama en Toon Tellegen, en de krant. De preekstoel staat op wieltjes en wordt alleen binnengereden als er 'nostalgische diensten' worden gehouden. Dan kan eventueel ook de kast open waarin liedboeken, collectezakken, kanselkleden en avondmaalsbestek zijn opgeborgen.

Op andere (zon)dagen heeft de kerk meer weg van een eetcafé: een plek waar eenieder terechtkan die trek heeft in geestelijk voedsel. Het aanbod is uitgebreid en gevarieerd: lezingen, bezinningsbijeenkomsten, cursussen, muziek, meditatie, stilte, boek- en filmbesprekingen, kunst, verhalen voor groot en klein, poëzie, spiritueel knutselen enzovoort. Eén gerecht ontbreekt: antwoorden. De menukaart is samengesteld op basis van het besef dat geloven en leven meer van doen hebben met vragen dan met antwoorden. Elk gerecht is dan ook voorzien van een vraagteken: Waarom is er wat er is? Wat is de zin ervan? Waarom ben ik er?

11 Cees den Heyer, emeritus hoogleraar theologie: *Het boek der verandering*, Amsterdam 2006, p. 163.

Wie ben ik eigenlijk? Waar leef ik voor en waarvan? Waar word ik gelukkig van en waarvan niet? Hoe ga ik om met teleurstellingen, liefde, dood, anderen? Wat heeft God daarmee te maken?

Ziedaar de toekomstige kerk: bereid om een brede religieuze markt te bedienen, om een plek te zijn waar niet alleen kerkgangers zich thuis voelen, maar waar ook ietsisten iets van hun gading kunnen vinden, waar soloreligieuzen kunnen aanschuiven als ze geen zin hebben om alleen te eten, waar relishoppers een boodschap kunnen doen, waar 'zweefgelovigen' een zachte landing kunnen maken, waar 'minimale christenen' op z'n minst een drankje kunnen halen, waar al die mensen die religieus niet onverschillig zijn hun eigen vragen op het menu zien staan.

Een kerk om in te geloven. Daar geloof ik wel in.

Aanhangsel: selectie van opzettelijk vermeden termen

aleatorisch materialisme, alteriteit, antinomie, antropomorfisme, antropotheïsme, autotheïsme, axiologisch godsbeeld, basilomorf, bewustzijnsimmanent, concordisme, condescentie, contingentie, deontologisch, disjunctief atheïsme, doxologisch, ecclesiogene neurose, enigmatisch aporetisch, agnosticisme, epistemologisch reductionisme, fideïsme, hermeneutische fenomenologie, heuristische ficties, kenosis, lexeem, maieutisch, metafysica, narratief constructivisme, onomatopeïsch, ontotheologisch, panentheïsme, pneumatologie, preponderantie, semantisch atheïsme, sensus fidelium, sociaal evidentialisme, transcendentale geloofsverantwoording, zijnsmetafysica

In de hemel is een lach... (Psalm 2, EV)

Woorden van dank

Mijn dank gaat uit naar Gilbert Baudet, Christiane Berkvens-Stevelinck, Frans Brinkman, Nelleke Hendrikse, Myrthe Leydens, Ronald Meester, Damiaan Messing, Tonie Mudde, Annemiek Schrijver en Marian Siereveld, die over mijn schouder hebben meegekeken.

Ik doe hun niet allemaal recht door ze in een rijtje te zetten. Daarom noem ik Ronald nog een keer. Ook aan Damiaan, mijn niet-aflatende, onvermoeibare schrijfcoach, ken ik graag nóg een dankbare vermelding toe.

Mijn dochter Rike Hendrikse noem ik apart. Zij is van begin tot eind mijn trouwste supporter en minst genadige criticus geweest. Dankjewel lief Riekje.

Ook Harry Kuitert hoort in het rijtje niet thuis (in geen enkel rijtje trouwens). Zijn theologisch denken heeft mij meer beïnvloed en gestimuleerd dan ik kan zeggen, zijn moed en zijn bewogenheid zijn mij tot voorbeeld geweest. Dat geldt ook en niet in de laatste plaats voor zijn incasseringsvermogen. Ik weet inmiddels wat het is om verguisd te worden, maar dat staat in geen verhouding tot wat er naar mijn mening ten onrechte aan negativiteit over Kuitert is uitgestort. Gelukkig hoeft hij het niet allemaal alleen op te vangen. En daarom – zij is al te vaak onvermeld gebleven – noem ik ook zijn vrouw Inga. Wat ik met woorden niet kan zeggen, zal ik uitdrukken door Harry Kuitert het eerste exemplaar van dit boek aan te bieden.

Ik ben niet bekend met de gewoonte van auteurs om al dan niet hun uitgever te bedanken, maar het enthousiasme en de aanmoedigingen van mijn redacteur Pieter de Bruijn Kops, alsmede zijn aandeel in de voortreffelijke samenwerking wil ik niet ongenoemd laten.

Dit boek is grotendeels tot stand gekomen onder de Spaanse zon. Als ik in reïncarnatie zou geloven, was ik er vast van overtuigd dat ik in een vorig leven priester of ten minste misdienaar was geweest in een Egyptische zonnetempel, want ik ben een geboren zonaanbidder. En ik prijs me gelukkig dat ik aan het bestaan van de zon nooit heb hoeven twijfelen.

Maar hij schijnt letterlijk en figuurlijk niet altijd voor iedereen, ook niet voor mij. Dit boek zou nog niet hebben bestaan als er geen mensen waren geweest aan wie ik te danken heb dat er licht bleef toen voor mij een donkere periode aanbrak. Tonnie Kostermans, Marian Siereveld en Leo Donkersloot zijn het levende bewijs voor wat ik hierboven heb beweerd: dat God niet bestaat, maar gebeurt. Dankzij hen is mijn godsvertrouwen nog minstens zo sterk als toen ik aan dit boek begon. Goddank.

Loed Loosen

Bij de 'nadere kennismaking' schreef ik: 'Hij heeft me, vooral maar niet alleen als theoloog, mede gemaakt tot wie en wat ik ben. Wie hem gekend heeft, zal in dit boek zeker af en toe zijn "echo" horen, zijn glimlach zien, en – naar ik vrees – ook zijn hoofdschudden.'

Ik kan hem niet meer bedanken, hij overleed in 2006.

In mij – en ongetwijfeld in vele anderen – leeft hij voort.